新中国を拓いた記者たち

下巻

編者　柳斌傑・李東東
訳者　日中翻訳学院　河村知子

日本僑報社

目次

1. 報道界の大番頭 **胡喬木**（こ・きょうぼく 一九一二―一九九二） 7
2. 革命の風雲に焦点を合わせる **沙飛**（さ・ひ 一九一二―一九五〇） 13
3. 〝大家が書く小作品〟 **鄧拓**（とう・たく 一九一二―一九六六） 19
4. 誠意あふれる新華報人 **石西民**（せき・せいみん 一九一二―一九八七） 25
5. 経済報道の先駆者 **徐盈**（じょ・えい 一九一二―一九九六） 31
6. 人民放送の開拓者 **梅益**（ばい・えき 一九一三―二〇〇三） 37

7．時事評論家から外交家へ
喬冠華（きょう・かんか　一九一三―一九八三）　43
8．澄んだ真心の女性記者
彭子岡（ほう・しこう　一九一四―一九八八）　49
9．忠誠の戦士　精彩を放つ論評
熊復（ゆう・ふく　一九一五―一九九五）　55
10．延河に翻る新華の旗
繆海稜（ぼく・かいりょう　一九一五―一九九六）　61
11．一生を中国の新聞事業に捧げた
イスラエル・エプスタイン（一九一五―二〇〇五）　67
12．偉人の風貌をストップモーションに
徐肖冰（じょ・しょうひょう　一九一六―二〇〇九）　73
13．記者から作家へ
劉白羽（りゅう・はくう　一九一六―二〇〇五）　81
14．抗日の本拠地を全面的に報道した初めての人
陳克寒（ちん・こくかん　一九一七―一九八〇）　87

15. 革命的な撮影　伝奇的な人生
石少華（せき・しょうか　一九一八―一九九八）　93
16. 辣腕の編集長
李荘（り・しょう　一九一八―二〇〇六）　101
17. 地に足をつけ、人民に寄り添う
田流（でん・りゅう　一九一八―二〇〇〇）　109
18. 「政治家が新聞を」
呉冷西（ご・れいせい　一九一九―二〇〇二）　115
19. 『最可愛的人』を書いた
魏巍（ぎ・ぎ　一九二〇―二〇〇八）　121
20. 前線の輝く星
華山（かざん　一九二〇―一九八五）　127
21. 「勤勉」「迅速」な国際問題評論家
蒋元椿（しょう・げんちん　一九二〇―一九九六）　133
22. 一代の軍事評論家
姚溱（よう・しん　一九二一―一九六六）　139

23. 時代を貫き、人民を忘れない
穆青（ぼく・せい　一九二一―二〇〇三） 145
24. 文武両道の戦地記者
閻吾（えん・ご　一九二一―一九九六） 151
25. レンズと熱血で歴史を記録した
斉観山（さい・かんざん　一九二五―一九六九） 157
26. 来世があるなら、また記者となる
范敬宜（はん・けいぎ　一九三一―二〇一〇） 163
27. 報道の高い山に登った
郭超人（かく・ちょうじん　一九三四―二〇〇〇） 171
後記 176

1. 報道界の大番頭

胡喬木

胡喬木《こきょうぼく》（一九一二〜一九九二）は一九一二年六月一日、江蘇省塩湖県鞍湖郷に生まれた。本名は胡鼎新、延安に入ってのち、ペンネームを喬木とした。

胡喬木は幼い頃から人並み外れて聡明で、一九二四年、江蘇省立第八中学（現在の揚州中学）に合格した。一九二六年から胡喬木少年は、当時の社会の左翼的な風潮に影響を受けて次第に政治に対して大きく興味を抱くようになった。ある偶然から、胡喬木は惲代英が編集長を務める進歩的刊行物『中国青年』を目にする。その後又『向導』に触れる。一九三二年、こうした進歩的刊行物の影響で、胡喬木は中国共産党に加入し、『海霞』や『文芸青年』などを編集、一九三九年に『青年運動中的思想問題』という文を発表した。当時、多くの共産党幹部が胡喬木の文章を絶賛し、毛沢東も胡喬木を得難く、柔軟性のある人材であると言っている。

一九四一年から胡喬木は毛沢東の秘書に任じられた。

延安で働く間、胡喬木は毛沢東を補佐して『六大以来』『六大以前』や、『両条路線』などの重要な歴史的文献を編さんし、延安の『解放日報』に数十編の社説を書いて、党の政策や方針を積極的に宣伝した。

解放戦争が始まった後、胡喬木は毛沢東について陝北を転戦し、困難な時期を経験した。一九四八年二月、彼が起草した『中共中央関与土地改革中各階級的画分及其待遇的規定（草案）』は毛沢東の絶賛を受けた。一九四八年四月、胡喬木は新華社総編集長兼社長、また中央宣伝部副部長を担当した。在任中、『解放日報』に数多くの社説、評論、ニュースを書いた。彼が書いた『駁蒋介石』、『無可奈何的供状』などの重要な社説は、鋭利な槍のように人民解放戦争の勝利に重要な作用を及ぼした。解放戦争の時期に報道の仕事に携わったため、胡喬木は「新聞大管家（報道界の大番頭）」との栄誉を得た。

新中国が設立後、胡喬木は新華通訊社社長、人民日報社社長、中央人民政府新聞総署署長に就任し、人民日報や新華社に多くの重要な社説やニュースを書いた。

一九五〇年から一九五六年にかけては、中共中央宣伝部常務副部長、中共中央副秘書長、中共中央書記処候補書記などの職を歴任した。一九五一年に書いた『中国共産党的三十年』は、新中国で初の画期的で簡明な党史である。四人組打倒後には、鄧小平の指導のもと、『関於建国以来党的若干歴史問題的決議』を起草し、混乱をしずめるのに大きく貢献した。

胡喬木の筆は切れ味よく、小さな傷から問題の本質を指摘し、『再論無産階級専政的歴史経験』の中で、一目で敵味方と内部の二つの矛盾を見抜いてその矛盾を認識し、解決する良策を打ち出した。彼は大所高所からものを見て、

人民日報

（一九四七年十二月二十五日在中共中央會議上的報告）

『人民日報』

国内政治の状況に明るく、同時に国外の政治状況もよく理解していた。ソ連の社会主義建設に関して話が及ぶと、胡喬木は幼い頃ソ連で育ったのだと人に思わせるほどだった。

胡喬木の一生は二十九歳で毛沢東のそばで秘書となり、指導者の片腕から「党内の一本のペン」となり、さらに新中国の「新聞大管家」となった。胡喬木の党と国家の新聞事業に対する貢献は大変大きい。

『中華人民共和国万歳！』について

一九四九年、十月一日、中華人民共和国が成立した。中国の歴史はここから新たな章を開いた。

一人のジャーナリストとして、胡喬木はこの歴史的な出来事を報道する責任を担った。一人の庶民としては、新中国が成立したこの日、彼は祖国の前途に無限の美しい憧れと希望を抱いたのだ。

こうした豊かな感触のもとで胡喬木は新華社のために『中華人民共和国万歳』という社説を書き、新中国の成立というこの歴史的事件とその意義を簡潔に表した。喜びと感激が文に現れている。この後胡喬木は、新中国成立後初めての綱領的文章を明らかにし、三種の文の内容と意義を紹介、新中国の未来への道と方針政策について読者に報道した。

これはニュースバリューがあるとともに、歴史的価値のある佳作である。

2.

革命の風雲に焦点を合わせる

沙飛

中国の撮影史を新たに見直そうとするとき、反駁しようのない事実が、後代の人に訴えかけてくる。すなわち沙飛《さひ》（一九一二～一九五〇）は、中国撮影史上初めて撮影武器論を唱えた人であり、中国革命軍の初めての専属従軍写真家であり、党の初めてのニュース撮影組織のリーダーであり、沙飛とその戦友たちが中国共産党の初のニュースグラビア誌『晋察冀《しんさつき》画報』を創刊し、中国革命戦争の最も完全な撮影記録を残した……。

沙飛、本名は司徒伝、広東省開平の人、広州生まれ。一九三六年のはじめ、沙飛は外国のグラフ誌で何枚かの写真を見た。第一次世界大戦の導火線となったサラエボ事件を写したものだった。沙飛は写真の歴史に対する影響を感じ、「カメラマンになる、なって歴史を記録するのだ」と強く思った。このニュース写真は沙飛の人生を変えた。ニュース撮影を生涯の職業とすることになったのだ。

一九三六年九月、沙飛は穏やかな暮らしと仕事に別れを告げ、一人汕頭を離れて上海に行った。そこでニュースカメラマンとなり、レンズで中国現代史上重要な瞬間を記録した。一九三六年十月八日、沙飛は、魯迅と若い木版画家との写真を撮影した。魯迅の風格、若者に対する関心などが、写真によって、魯迅の「横眉冷対千夫指、俯首甘為孺子牛」（多数の人々の指弾に敢然と対抗し、子供のためには首を下げて喜んで牛のまねをする）という意気軒昂たる気質を表し、人々の心に永遠に残る肖像となった。これは沙飛が初めて撮ったニュースの組写真だった。その直後の十月十九日、魯迅は世を去った。沙飛はその場に立ち会い、魯迅の死に顔やその葬儀のすべてを記録した。すぐさま沙飛は写真を上海や広州の大新聞に送り、広く採用されて大きな衝撃を呼んだ。ここに沙飛というペンネームのカメラマンが誕生した。

ほどなくして抗日戦争が勃発、沙飛は、この民族の危機にカメラで歴史を記録するのは報道カメラマンの使命であると思っていた。『広西日報』一九三七年八月十五日刊には、沙飛の『撮影与救亡』が掲載された。「撮影は亡国の危機を救う運動においてかくも重要である。敵が我が国を侵略するという暴挙、我らが前線兵士たちが勇敢に敵を倒す様子、各地の同胞が救亡運動に立ち上がるなどの場面は、民族が自らを救う意識を刺激するものだ。」すぐに沙飛は華北抗日戦線へ駆けつけた。八月末には山西省太原に到着し、全民通訊社のカメラマンとなった。一九三七年のおわり、沙飛は河北で正式に八路軍に参加、中国共産党の指導のもとでニュースを撮影する最初の一人となった。軍政指導の支援と注目を得て、晋察軍区の新聞撮影科科長、晋察冀画報社主任、華北画報社主任などの職を務め、カメラで八路軍が古長城で戦い、侵略者を攻撃する様子を記録した。国際反ファシズム戦士ベチューンを撮影、抗日拠点での八路軍兵士や人々の生活、青年が軍に志願する様子を写した。沙飛は中国人民が日本の侵略者を攻撃し、民族の独立と自由を勝ち取る壮大な絵巻を撮影し、中華民族の貴重な歴史の一部を記録した。

一九五〇年三月沙飛は迫害妄想型統合失調症で自制できない状態になり、治療に当たっていた日本人医師を殺害、死刑の判決を受けた。享年三十八歳。

『魯迅与青年木刻家』(1936 年)

『魯迅与青年木刻家』について

やせて才気があり穏やかな、変わらない様子、一目で魯迅先生の典型的な姿であるとわかる。ただ少し違うのは魯迅が青年に囲まれ、盛んに議論し、自然な表情で、青年たちへの思いやりが静かに流れているところだ。青年たちは身を乗り出し、注意深く聞き入っている。年長者と青年の間の打ち解けた様子が表されていて、魯迅先生の気さくな一面が記録されている。ニュース写真の構図、情報量の多さ、魯迅先生を記念する点からしても古典的作品といえる。

『戦闘在古長城上』(1938 年)

『戦闘在古長城上』について

この写真を見た人は、事後に撮影したものか、宣伝用に撮影したものと思うかも知れない。そう思ってもかまわないのではないか。まず、この写真は事実を記録したものである。また、中華民族の危機の時代、フィルムが命や黄金に匹敵する時代にあって、この写真は、撮影がその時代の最大の価値である民族を救う武器となることを証明したものなのだ。ニュースカメラマンとして、抗日戦争中に、不屈の軍民を記録し、全面交戦を写し、民衆の抵抗意識を呼び起こすことこそ、沙飛が天職としてすることであった。この写真が成したこと、沙飛が成したこと—長城を見ると人は共通のかたきに敵愾心をもやし、外敵に抵抗することを思い出す。長城で戦った軍人は、抗日戦争の間、中華民族の鋼の長城だったのだ。

3.

〝大家が書く小作品〟

鄧拓

鄧拓《とうたく》（一九一二～一九六六）、本名は鄧子健、鄧雲特、福建省福州の人。中国当代の傑出した報道人、政論家、歴史学者、詩人、エッセイスト。著書に『鄧拓散文』『鄧拓文集』（四巻）『鄧拓詩詞選』等がある。

鄧拓の父は鄧欧予という清朝の挙人で、広西で知県（県知事）を務めた。鄧拓は家中で一番年少だったが、父は厳しく、五歳で百首の古詩をそらんじていた。

一九二九年、鄧拓は上海光華大学の予科に入り、政治と法律を学んだが、翌年六月に中退した。一九三〇年、左翼社会科学家聯盟に参加、また中国共産党に加入した。一九三三年福建事変に参加、その失敗で上海へと逃亡。その後河南大学の経済学部で学んだ。

一九三七年鄧拓は五台山の抗日拠点へ行き、そこで半生に渡るニュース宣伝の仕事を始めた。一九三八年『抗敵報』を主宰した。軍の反掃討闘争に協力するため、鄧拓は『加緊戦争動員粉砕敵人囲攻』『怎様進行堅壁清野』『反対麻木不仁与驚慌失措』の三篇の社説を書いた。軍民の士気を鼓舞し動員をかけ、当時の民衆の敵を軽んじるあるいはおそれる気分をただした。

一九四〇年、『抗敵報』は『晋察冀日報《しんさつき》』と名を変え、鄧拓は晋察冀日報社社長、総編集長及び新華社晋察冀分社社長となった。一九四一年秋、日本軍は七万の兵力を結集し、晋察冀辺区を掃討しようとした。その緊迫した状況下で、鄧拓は晋察冀辺区の同志たちと団結して、片手に銃、片手にペンを持ち、遊撃戦の中で「八頭の騾馬に機材を載せ新聞を出す」ことを守った。敵が来れば印刷用の機械を山の中に隠し、敵が去れば掘り出してきて印刷を続けた。一九四一年九月から十月の一ヶ月のあいだに、七回も印刷機材を移動させた。

鄧拓が主宰した『晋察冀日報』は、抗日英雄についてシリーズで報道した。『狼牙山五壮士』や冀中地道戦（地下道戦）などの大きなスクープは、人々の抗日への勇気を大いに鼓舞した。のちに日本軍が阜平県馬蘭村を包囲し、出版社の機材を出せと群衆を脅し、続けて十数名を殺害したが、誰も何も言わなかった。亡くなった人々を記念して、鄧拓は『燕山夜話』を執筆する際、特別に自分のペンネームを「馬南邨」とし、馬蘭村の人々を追悼した。

一九四四年、鄧拓は初の『毛沢東選集』（晋察冀版）を編集出版し、毛沢東思想の宣伝に重要な貢献をした。

一九四九年秋、鄧拓は人民日報社社長兼総編集長に任ぜられた。一九五八年、人民日報から異動になり、中共北京市委書記処書記となり、思想文化戦線の仕事も受け持って北京市委理論刊行物『前線』の編集の責任を負った。一九六〇年代鄧拓は『北京晩報』の依頼で『燕山夜話』のコラムを執筆、百五十三篇を書いて、読者の人気を得た。その文は愛憎がはっきりしていて、時代の悪弊をついて無駄がなく、趣きがあふれ寓意に飛んでいた。老舎はこれを「大家が書く小文章」と称した。一時期、全国の新聞や雑誌がこれをまね、似たようなコラムを設けるところが続出

『前線』

した。のちの鄧拓は呉晗、廖沫沙と共同で『三家村札記』を雑誌『前線』に執筆した。

文革の時期には、鄧拓は『燕山夜話』と『三家村札記』により批判され、「三家村集団」とされた。心身ともにひどく迫害され、一九六六年五月十八日冤罪の晴れぬまま世を去った。一九七九年二月、汚名がそそがれ、名誉が回復された。

鄧拓の最も大きな特徴は、すべてを人々の利益のためになし、人々の苦労に思いを寄せ、人々や実情から遊離したり、人々の利益を害する行為には批評を加え、人の言わぬこと、言えぬ事を言った。

『訪〝葡萄常〟』について

『訪〝葡萄常〟』は、一九五六年『人民日報』に掲載された。当時の中国では、社会主義改造と新民主主義革命が完成しようとしていたときだった。この歴史的転換をどう記録するか、この歴史的転換の中国人民の生活への影響を反映させるか。鄧拓は民衆に心を寄せるものとして、底辺の人々に根ざすジャーナリストとして、マクロ的、機械的に国の指導者の重要な談話、指示、分析を報道するのではなく、北京のある手工芸を家業とする一家を選び、小さな所から大きな所を見て、その人たちの悲喜こもごもの運命や生活から国家や社会のこの歴史的な過渡期を映し出してみせた。

まず冒頭で、屋号を「葡萄常」という一家の基本的な状況、家族構成、家業の手工業について紹介。続けて常桂禄の言葉を借りて、彼ら一家が清朝末期から国民党統治時代を経て今日の新社会に至るまでのつらい履歴を語った。清朝の腐敗した統治下での伝統的手工芸の停滞や、やるせなさを、日本、満州国と国民党の反動統治下での苦しみや没落、新中国建設後の生き生きと輝く様子を読者に見せた。

同時に、作品は新中国の合作社（協同組合）設立を切り口に、伝統手工芸を営む者の、当初の恐れや失望から、のちに自信満々となるまで描いて、社会主義改造時の党の合作化政策が、実際にどのように一般の手工芸者の家庭に受け入れられていったかを映し出している。

「葡萄常」一家は実際には、中国社会全体の構造転換の一つの縮図であり、彼らの変化は中国社会が衰退から繁栄へ、暗闇から光へと向かう過程を表している。彼らの生活は中国社会全体の構造転換の一つの縮図であり、その変化は中国社会が明るい未来へ向かっているシグナルである。

彼ら一家の未来への期待は、中国の未来への限りない希望の可能性に対応している。

作品の最後は『画春堂』で締めくくられている。これには深い意味があり、芸術的にはこの作品のレベルや品質を新たな高みに押し上げるもので、構成上ではすべての取材の見事な結末となっている。絶妙な文章で、全体を引き立たせるのものである。

4. 誠意あふれる新華報人

石西民

石西民《せきせいみん》（一九一二～一九八七）、本名は石士耕、ペンネームは栖明、史名操、懐南、何引流、明石。浙江省浦江の人。著名な新聞雑誌活動家。

石西民は一九二九年中国共産党に加入、『紅旗日報』の滬東区特約通信員、『申報週刊』編集者及び従軍記者、武漢『新華日報』の発刊準備及び編集者、編集部主任、取材部主任、延安新華通訊社及び解放日報社委員兼副編集長、南京『新華日報』社長、新華通訊社南京分社社長、南京人民広播電台台長を務めた。新中国の成立後、長期にわたり党の宣伝部門及び国家文化部門で主導的役割を果たす。中共南京市委員会宣伝部長、江蘇省委員会宣伝部長、中共上海市委員会副書記兼宣伝部長、中共華東局宣伝部長、文化部副部長などを歴任、中国共産党第八次全国代表大会の代表に選ばれる。「文革」中には石西民は迫害にあい、不法に九年間拘留された。

一九七五年、改めて仕事を始めた後は、国家出版事業管理局局長、中国社会科学院副秘書長、中国社会科学院新聞研究所名誉所長等の職務についた。文集『時代鴻爪』、『報人生活雑憶』を出版した。

抗日戦争の時期、石西民は二度にわたり戦地へ記者として赴いた。前線や敵の後ろに深く入り、鋭敏な観察力と切れの良い筆鋒で三十六篇のニュースレポートを書いた。こうしたレポートは新鮮かつ生々しく、前線や敵の後方の、軍隊が血を浴びて奮戦する英雄的業績を正しく報道し、読者の心を揺さぶる力を生み出した。

胡世合事件(1)、国共重慶談判（重慶会談）、拒検運動(2)、較場口事件(3)等の重大な歴史的事件で石西民は取材主任、編集主任として、具体的な事実に基づき、党派性と大衆性の原則に乗っ取って世論を導いた。検閲に違反したり、無視したりして、毛沢東の「人犯さずんば、我犯さず」の厳しい態度や周恩来の有名な『為江南死国難者志哀』の詩を新聞に掲載した。また、検閲を通さずに黄炎培の『延安帰来』を出版して、全国各地の文化、新聞、出版界による拒検運動を主導した。党による国民党統治地区における世論統一戦線の広がりや力を示した。

新中国成立後、石西民は事実に基づき真実を求めるという原則で仕事にあたった。『新華日報史』の出版を手がける際には、「歴史を書く上での第一原則は事実を尊重することである」と指示した。反右派運動の時期でも冷静さを保ち、逆境にある多くの知識分子をかばった。

石西民は様々な状況のもとで報道による闘争を実践し、長年の報道の経験によって中国近代新聞史の研究を行い、無産階級新聞理論の構築と発展に多くの正しい知識を優れた見解を出した。人となりは忠実純朴で、親しみやすく、知識と人材を尊重した。過失を人になすりつけたり、自己を飾ったり、頑なだったりせずに、事実と実利を求めた。仕事に対しては強い責任感を持ち、常に先進的な思想と進取の気質を持っていた。

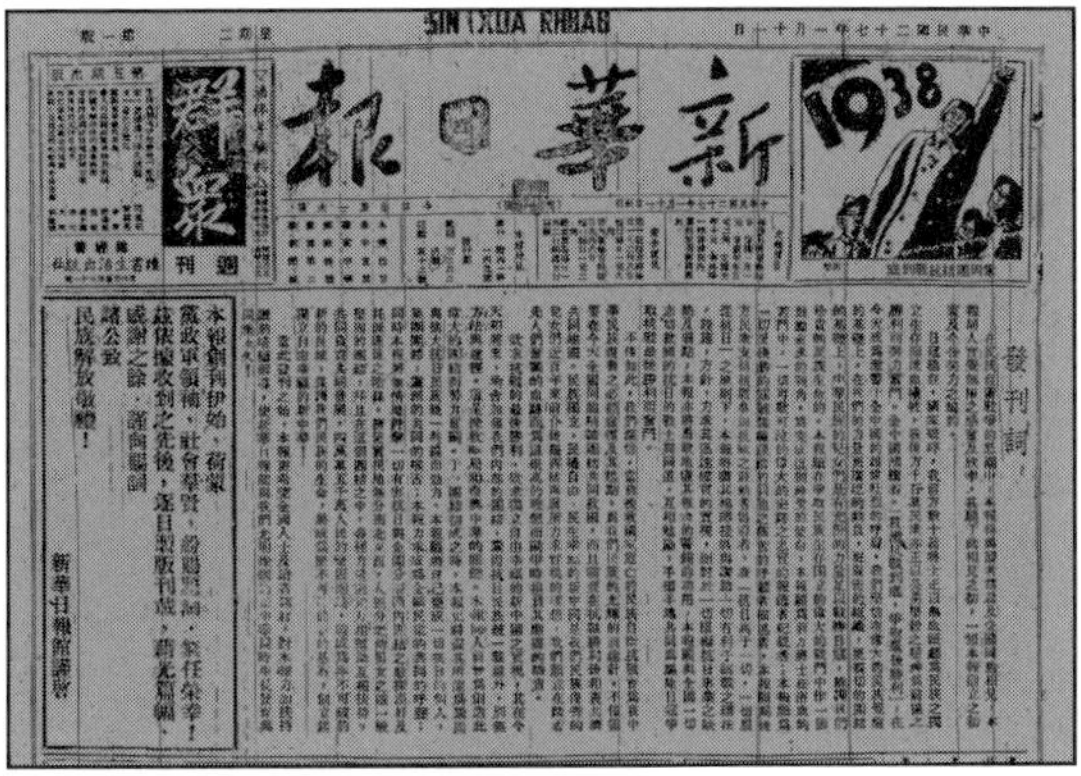
新華日報

發刊詞

本報創刊伊始，荷蒙黨政軍領袖，社會學賢，錫賜題詞，紫任榮幸！茲依據收到之先後，逐日製版刊載，藉光篇幅，感謝之餘，謹向贈詞諸公致民族解放敬禮！

新華日報館謹啓

『新華日報』

『陳毅将軍訪問記』について

この文章は、一九三九年春、周恩来の提議により、国民党支配下の西南、西北地区に対して、新四軍（国民革命新編第四軍）の戦闘等の状況を報道するもので、特に江南の敵後方の闘争状況を多く扱ったものである。石西民は新四軍の一部隊を取材、司令部に陳毅を訪ねた。また陳毅と東壩に行き、赴任してきたばかりの国民党行政公署主任、冷欣を訪問した。様々な接触により、陳毅について深く理解するようになり、『陳毅将軍訪問記』を書いて『新華日報』に掲載した。これは陳毅将軍の情熱的で率直、豪快な性格、また話の随所で鋭敏で深い状況分析や弾力的な闘争戦略が伝わってくるものだった。新四軍が平原河川網地域で民衆をいかに抗戦に動員し組織し武装させるか、遊撃戦を継続し、輝かしい戦果を挙げるかを報道した。これは多くの軍や民衆に時局をはっきりさせ、抗戦に必ず勝利する信念を強く持たせるのに大きな力となった。また国民党支配地域の民衆に、陳毅将軍という伝奇的な色彩に満ちた名将軍について初めて知らせることとなった。

（1）胡世合事件：一九四五年三月二十日、重慶電力公司が「中韓招待所」（実際は国民党の特務機関）の不法電力使用を止めるため派遣した職員のうち、胡世合が特務に殺された事件。
（2）拒検運動：抗日戦争終了前後から、重慶、上海を中心に広がった政府の検閲を拒否する運動。
（3）較場口事件：一九四六年二月十日、重慶の較場口で開催された「陪都各界慶祝政治協商会議成功大会」での国民党と共産党による暴力事件。

5. 経済報道の先駆者

徐盈

徐盈《じょえい》（一九一二〜一九九六）は山東省徳州生まれ、本名は緒桓。一九三六年の終わりに、上海『大公報』に入り、ここから記者としての生活を始めた。『大公報』で新中国建設初期まで仕事をした。

一九三七年、『大公報』の旅行記者として、山東省、山西省、陝西省などの抗日戦線を取材し、一時期山西省五台山八路軍総司令部で従軍記者を務めた。徐盈の書いた『朱徳将軍在前線』と『戦地総動員』のレポートの中で、抗日戦初期の八路軍の戦略戦術や対民衆工作が比較的早くに報道された。解放地域の状況を紹介するほか、徐向前、彭雪楓、丁玲ら抗戦将校、文化人に関して生き生きとした報道を行った。『大公報』のこうした報道は国民党支配地域に、共産党と八路軍の本当の状況を報道するもので、徐盈は次第に『大公報』取材部の主力となっていった。一九三八年、中国共産党に加入、長年にわたり、地下党員として政治的身分を隠したまま『大公報』で記者として働いた。一九三八年の終わりに武漢が陥落すると、『大公報』は四川に移転、十二月一日新たに発刊、徐盈は取材部主任となった。抗日戦初期の重慶『大公報』には毎日のように徐盈の書いた時局報道が掲載された。

抗日戦の中期から、徐盈の報道は次第に経済分野へ重点を置くようになっていった。解放前には経済を熟知した記者は少なく、経済ニュースも希だった。ニュースは時局や社会面のものに偏っていた。それゆえ徐盈を中国新聞史上での経済報道の先駆者と評価する人がいる。

一九三八年、徐盈は『鞏固工業経済国防戦線』という記事で、中国工業合作協会の西北地区での業績について述べた。一九三九年、『紡績工業的復興』『中国的工業——浜海工廠是怎様遷廠的』等影響力のある経済記事を書いた。日本軍の投降後、徐盈は北平（北京）に戻り、『北方工業』の一連のレポートを書き、日本の華北での経済問題について深く分析し、同時に華北の資源と工業の潜在能力が中国産業革命の中心たりうることを指摘した。

徐盈の経済記事と経済界の人々に関する報道は、『大公報』と新聞界の新たな視点となり、後に大公報の大きな特色となっていった。それ以前、『大公報』では政治と社会問題が主要な内容だったが、徐盈は『大公報』が経済報道に重きを置くのに重要な役割をはたした。徐盈はまた、四期にわたり『工商経済叢刊』を出版、後の世に近現代中国商工経済に関する大量かつ価値ある資料を残した。

抗日戦争勝利後、徐盈は北平で天津『大公報』駐北平辦事処主任となった。新中国成立後は天津『進歩日報』主筆、社長、雑誌『新工商』及び民族出版社編集者などを歴任した。政治、社会問題の報道の他に大量の経済記事を書き、その時代の人が高く評価する抗日、経済、民族資産階級の研究に関する著作を書いた。『抗戦中的西北』『烽火十城』『当代中国実業人物志』等である。同時に多くの文学作品、小説『前後方』、『戦時辺疆的故事』『福地』『黒貨』『七月流火』

徐盈の著作『詹天佑』

などを著した。その人はすでに亡いけれども、解放前の中国の社会状況、特に経済人や経済現象を知ろうとするためには、その文に目を通すことだ。生き生きとして、重厚かつ鋭さを感じられる、貴重な第一次資料である。

『茅以昇』について

徐盈の『当代中国実業人物志』は、解放前の中国経済における重要人物とその業績をできる限り盛り込んだもので、この時代の研究にはなくてはならない第一次資料である。報道が歴史記録となったもので、記者がその天職を尽くしたものだ。その中の『茅以昇』という短い文から一を聞いて十を知る事ができる。

茅以昇は中国の有名な橋梁の専門家である。徐盈は作品中に、この中国現代橋梁プロジェクトの先駆者の経歴や業績を織り込み、読者に対して武漢長江大橋の建設のいきさつや意義を明らかにするばかりでなく、茅以昇個人の成長や志に対してもいろいろと理解することができる。また銭塘江大橋という、中国人が自ら設計し建設した初の鉄橋がもたらした自信や自負を知ることができる。文章は短いが情報量は多く、無駄な文字はないが内容は豊富で、論述は交差しながらも整理されている。この取材と執筆技法は後の人々の参考となるものだ。

6. 人民放送の開拓者

梅益

彼の訳した『鋼鉄はいかに鍛えられたか』は広く知られ、数世代の中国青年を励ました。抗日戦争の時期、彼は上海で、中国初の愛国的で独立自主の中国語による日刊新聞を創刊した。一九四〇年代から六〇年代にかけての彼の経歴は新中国の放送事業の創業史のようである。彼の名は梅益《ばいえき》（一九一三〜二〇〇三）、新中国放送事業の開拓者、翻訳家である。

梅益の本名は陳少卿、一九一三年広東省潮州の貧しい家庭に生まれる。少年時代は苦労して学び、広く様々な本を読んだ。衣食に困り、生活は困窮していたが、英語を独学し、後の翻訳の仕事の基礎を固めた。一九三四年から北平の『晨報』、天津の『庸報』、上海の『申報』等の副刊や刊行物に散文や翻訳を発表し始め、生業とした。一九三五年の初め。梅益は中国左翼作家聯盟に参加、同じ年の秋に上海「左聯」の責任

I-PAO (The Daily Digest)

譯報

第二期抗戰開始
華軍改取攻勢
青島華軍炸毀日紗廠
韓復榘表示堅決抗戰
十四紗廠炸毀
英美派艦北上
日軍南路進攻
目的在徐州杭州

『訳報』

者と共同で機関刊行物『毎週文学』を編集した。

一九三七年、梅益は上海で中国共産党に加入した。上海陥落により陸の孤島となったのち、日本と満州の報道封鎖を突破するため、党組織は梅益と夏衍に四つ折り版の『訳報』を設立させた。その年の十二月九日、『訳報』が刊行され、南京大虐殺と八路軍勝利のニュースは、上海のこの唯一の愛国的中国語版新聞が、国内に向けて初めて報道したものだ。発刊して一ヶ月に満たないうちに『訳報』は日本の取り締まりを受けた。その後梅益らは外国人を雇って表向き発行人とする方法で、『訳報』を『毎日訳報』として復刊し、引き続き中国人民に抗戦の声を届けた。この他、梅益は『華美週刊』『求知文叢』『上海一日』等を主編した。

一九四七年三月梅益は延安に到着、新華社でラジオ放送の仕事についた。この時から二十年に渡り、梅益は中国放送事業に全身全霊で打ち込むことになり、延安及び陝北新華広播電台（ラジオ局）を取り仕切った。一九四九年三月、中央大隊が北平に入るのに伴い、北平新華広播電台と名を変えて、新中国放送事業を引き継ぎ行った。

一九四九年十月一日、中華人民共和国が成立、北京新華広播電台は首都の天安門城楼上で、建国記念式典のすべての実況放送を実施、各地の人民広播電台もこれを中継した。「中国人民はここに立ち上がった」の声は、このとき全中国、そして全世界へ向けて放送された。これは中国人民放送史上、初の全国同時実況中継だった。この日、天安門の城楼で実況放送を主宰したのが梅益である。一九四九年十二月六日、中央人民政府政務院は梅益を広播事業局の副局長に任命し、宣伝業務を行うことになった。同時に中央人民広播電台の編集局長も兼任した。一九五〇年代、劉少奇がテレビ局を開設するよう指示したため、広播事業局の技術研究員たちを率い、物質的な条件が限られている中、不断の努力で一九五八年中国初のテレビ局を開設した。一九五八年五月一日午後七時ちょうど、北京電視台（中央電視台の前身）は試験放送を開始、中国テレビ事業発展の歴史はここに始まった。

翻訳家としては、一九三八年から一九四一年にかけて、四年の辛苦を経て『鋼鉄はいかに鍛えられたか』の中国語翻訳を完成させた。この翻訳本はすぐに大きな反響を呼び、解放区の書店はそれぞれ複製印刷した。『鋼鉄はいかに鍛えられたか』には多くの訳本があるが、梅益のものが最も広く読まれ、中国の数代の若者に影響を与えた。

『八十年来家国』について

これは梅益の報道記事ではない。八十八歳の時に口述し、尹綺華が筆記して、梅京が整理した口述回顧録の一部である。この部分は、新中国テレビ放送事業の始まりと初期段階の研究に大変役立つものだ。梅益は一九四七年、国民党支配地域から延安に来て放送事業に携わった。一九六六年、「文革」で批判闘争の対象となり停職になるまで、二十年間新中国のテレビ放送業界で活躍していた。放送分野のリーダーとして、中国のテレビ放送事業がいかに始まり、盛んになったかを目のあたりにした。

この文により、テレビ放送が社会主義建設全体の一部分であったことがわかる。計画、戦略目標があり、国家の力を集め開発を進めたものである。人民放送史上、初の全国同時実況中継の実現、中国の特色ある農村放送網の立ち上げと普及、テレビ事業の時宜に合った開始、対外放送の整備と対外建設援助など、歴史上のわずかな時間に、強力な報道力を集中させることとなった。対内的、対外的に、当時の社会建設そして後世への影響、すべてについて大きな意義がある。物資も技術も欠乏する時代、国家の関与と資金投入がなければ、テレビ事業がこんなにも速く、力強い発展をすることはできなかったのは、想像に難くない。

7. 時事評論家から外交家へ

喬冠華

喬冠華《きょうかんか》（一九一三〜一九八三）といえば、多くの人の脳裏にあの、中国外交史上有名な明るい笑顔のイメージがわいてくる。彼の豪放自在な個性は人を魅了してやまない。有名な外交家として、喬冠華は三十年以上、中国外交の激動する情勢を動かしてきた。周恩来に外交での片腕と目され、外交部部長補佐、副部長、部長を歴任した。この才能あふれる「外交才子」は、解放前には報道に従事し、抗日戦と解放戦争の時期には政局や国際情勢を論評して有名な時事評論家だった。この、文章で時の権力者に向き合う経験が、解放後の外交家生活の基礎となっている。

喬冠華は一九一三年三月、江蘇省に生まれる。天賦の才があり、十六歳で清華大学哲学科に入学、日本とドイツに留学し、二十三歳でドイツの哲学博士号を得た。一九三九年三月、『時事

本報發行課啓事

本報招登廣告啓事

中日問題書籍

讀書生活出版社

『新華日報』（重慶版）

晩報』が香港で創刊され、喬冠華は主筆となって、毎日の社説を担当した。当時はまさに第二次世界大戦の前夜、国際的な情勢が激動する時期で、喬冠華の書く社説も多くは国際問題に関するものだった。また並外れた腕前の国際時事解説だったため、いったん世に出ると多くの人の注目を集め、すぐに香港中を風靡し、人々の賛嘆を勝ち取った。喬冠華は、これにより非常に名の知れた時事評論家、国際問題専門家となった。一九三九年九月、『時事晩報』が停刊になり、喬冠華は世界知識雑誌社の編集を担当した。同時に、『大公報』『申報』『華商報』などの新聞、雑誌に原稿を載せ始めた。彼の国際時事解説は、文章のスタイルが美しく、切れがよく論点が新鮮で、真摯でまた人の心の琴線に触れるものだったため、読者を深く引きつけた。喬冠華本人の反ファシズム主義の原則やしっかりした方向性がはっきり表れている。彼の見方は、国内の民主を勝ち取り、団結進歩し、国の危機を救い民族の危機を救い、中華を振興する闘争と密接に呼応している。これは決して偶然ではない。留学時代に喬冠華はすでにマルクス、エンゲルスの原著を研究しており、革命に向かっていたのである。一九三九年の終わり、中共中央の批准により、喬冠華は中国共産党に加入した。一九四二年秋、喬冠華は組織の配属命令により、重慶の『新華日報』で国際コラム担当、抗日戦争勝利のときまで続いた。一九四六年の初め、喬冠華は周恩来について上海に赴き中共代表団の仕事に加わった。同年年末、香港に赴き新華社香港分社の社長となった。

喬冠華が書いた、熱情溢れる、詳しく大量の時事評論は、問題の本質を指摘し、立場は明らかで、人々に信じる心と力を与えることができ、戦闘力があって、国民党統治地域の人々にも重大な国際問題に対する中央の見方を伝えた。と同時に、この時代の激情と人々の喜怒哀楽を反映したものだった。当時の多くの青年が喬冠華の文章を夢中で回し読んだのもうなづける。毛沢東はかつて、「思うに、彼の書いた文章一篇は、タンク兵まるまる二人分に相当するね」と語ったことがある。

喬冠華は一九三七年から一九四六年に書いた時事評論文を当時集めて出版している。『争民主的浪潮——一九三九年的国際』『形勢比人強』『向着寛闊光明的地方』『従戦争到和平』『従慕尼黒到敦刻爾克』などである。こうした文章は、文体が鋭くはっきりしており、気宇壮大な中にもユーモアが織り交ざり、明快で活発、読みごたえがあって予見性が高かった。彼の文章は人を信服させ、読めば忘れられないものだ。

『地中海是欧洲近代史的一面鏡子』について

喬冠華の文章は、才人の佳作と言える。文字の一つ一つが美しく、一編一編が輝いている。この文章は一九三九年四月二十三日に発表されたが、今読んでも古臭い感じはせず、魅力は変わらない。表題にあるように、その視点は明確で、人を惹きつけるものである。地中海はいかに欧州の近代史を映す鏡となったか、一触即発の欧州大戦にいかなる作用をしたのか探求しようという気にさせる。読み進めていくと、作者の資料の集積の多さ、歴史知識の深さに感嘆せざるを得ない。ヨーロッパの八百年あまりの歴史を戦争史、軍事地理の角度から新たに区分し直し、各国間の恩や恨みを一つ一つ指摘し、結論は順序立てて読者の前に並べられていく。文章全編につまらない部分がなく、文学的な修飾は長い論評を繰り返し読むに足る美文にしていて、読めば忘れられないものである。

8. 澄んだ真心の女性記者

彭子岡

彭《ほう》子《し》岡《こう》（一九一四～一九八八）、江蘇省蘇州の人。本名は彭雪珍。一九三一年、葉聖陶ら有名人が編集し、上海開明書店が出版した雑誌『中学生』に文章を発表しはじめた。一九三四年高校を卒業すると、名前を子岡に改め、北平中国大学英語専攻に入学、自主退学後に上海で沈茲九が主宰する雑誌『婦女生活』へ身を寄せ、編集助手となって、報道の仕事を始めた。

婦女生活雑誌社にいる間に次第に頭角を現し、『三月的巨浪』で何香凝と史良如がいかに上海の女性運動をいかに率いているかについて、『在機器傍辺』では女子工員達の劣悪な職場環境と民族工業の置かれた困難な状況について、『熱流』では密輸取り締まり活動について書いた。特に賞賛されたのは『偉大的伴送』で、このレポートは一九三六年十月二十二日、上海各界が魯迅の埋葬のために行った儀式についてのものだ。彭子岡は、そのいつもの文学的な筆致で、とある青年の心情を書き述べた。――「皆の心を占めているのは、むなしさと寂しさだった。前を見れば、今まで歩いたことのない、非常に遠い道があるばかりだ」

一九三六年秋、彭子岡は上海で徐盈と結婚した。一九三八年八月、二人は中共中央宣伝部部長凱豊により、中国共産党に加入した。「組織に属さず、新党員を勧誘せず、党費を収めない」特別党員となった。党組織は彼らに、『大公報』を陣地として、党のために新聞戦線工作を行うよう求めた。一九三九年はじめ、抗日戦が双方対峙する段階に入った時期、張季鸞は彭子岡を派遣して、蒋介石夫人宋美齢の取材に当たらせた。一編の美しい『蒋夫人訪問記』は彭子岡が任務をすばらしく終えただけでなく、宋美齢の当時にふさわしいイメージを残した。彭子岡の執筆技巧がますます成熟していることも示している。皖南《かんなん》事変以降、桂林『大公報』の求めに応じて、『重慶航訊』を書き、重慶の起伏に富んだ山道を歩き回り、最下層の民衆の生活を明らかにした。一年間に百編近くの記事を書いたので、同業者から「重慶百箋」とあだ名された。

一九四五年八月と十月、彭子岡は『毛沢東先生到重慶』『重慶四十四日的毛沢東』を続けて発表、党のために、国民党統治地域の読者に共産党リーダーの真のイメージを伝え、多くの人民の敬意を獲得した。一九四六年のはじめ、彭子岡は張家口へ飛び、解放区を取材した。戻ってから長編レポート『張家口漫歩』を発表、国民党当局の虚偽宣伝を明らかにした。これにより、当時の国民党の軍人が彭子岡を共産党員ではないかと疑った。また、この素晴らしい報道のため、彭子岡は当時の新聞界の『四大名旦』（旦は京劇などの女形）の一人に数えられるようになった。その他の三人は、浦熙修、楊剛、戈揚《かよう》である。

新中国成立後、彭子岡は天津『進歩日報』『人民日報』の記者を務めた。一九五四年に雑誌『旅行家』の編集長となった。一九五六年、五七年、彭子岡は純粋な性格と忠実な心で報道に関して自分の考え方を発表、『出版社可否〝綜合〃一下?』『他們五十六個』『刊物的霜凍』『仮如我還当記者』『旧聞新抄』『我怎様写社会新聞』などの文章を発表した。後に誤った批判を受けて、極右分子とされた。文革が終わった後、再度雑誌『旅行家』の主任編集委員となったが、一九八一年病気のため退職した。病床で息子の徐城北の協力のもと三十編の文章を創作した。

進步日報
全國民主人士大會師
李濟深沈鈞儒等抵平

『進歩日報』

一九八八年一月病気のため彭子岡は死去。農業経済学者で翻訳家の葉篤庄は、彭子岡の提唱した『慧眼』と『神筆』という自らへの要求を使って、「二つの慧眼を有し、重い暗黒の中で、わずかのことも洞察し、名声で青史を残す。神筆を持ち、処々の間から雄文を書き、きらめく炎となって世の中を照らす」という意味の哀悼の対聯を書いた。この対聯は人々の彭子岡に対する敬服と偲ぶ気持ちを表すだけでなくこの傑出した女性記者の人並み優れた品格をも生き生きと締めくくるものだった。

『毛沢東先生到重慶』について

一九四五年八月、日本が投降を宣言したあと、蒋介石は三度にわたり、毛沢東に重慶に来るよう要請した。八月二十八日、毛沢東は代表団を率いて、重慶九龍坡空港に到着、彭子岡は記者として、この歴史的な瞬間を目撃した。彼女は毛沢東の衣服、挙動、発言などを細かく描写し、読者に質素で謙虚な共産党リーダーのイメージを描き出した。張政中の公館で、「彼は一つの茶わんを割った。漆の床の応接室のすべてが見知らぬものであるのは当然だが、彼はまるで農村から来た書生のようだった。」この短く細かな描写が与える印象は深く、記者の観察力と洞察の深さを示している。また、彭子岡は毛沢東と記者とのやりとりを記述することにより、共産党人の知恵と平和交渉の誠意を表した。このルポルタージュは、重慶会談は「現在そして未来の中国の歴史と人民の幸福に関する一つの吉報である」と伝えた。しかし国民党の態度には楽観的過ぎないよう心がけた。このルポルタージュは全国に反響を呼び、以前からの解放区の人民が毛沢東主席に寄せる別れがたい情を描いた作家方紀の『揮手之間』の姉妹編と称された。

『張家口漫歩』について

一九四六年二月、国民党が全面内戦を発動する直前に、彭子岡は三人の欧米人記者と、アメリカからきた軍調処執行小組の飛行機にのって張家口へ行き、四日間の取材を行った。戻ってから彭子岡は「漫歩」のスタイルで、新たな変化が起こった張家口について書いた。市長が普通選挙で選ばれ、大幅に減税が行われ、自動車は公営化され、街路灯が設置された。売春婦の声もなりを潜め、人民の生活は改善され、文化的生活が盛んになった。共産党指導下の張家口は、国民党が宣伝しているような人間牢獄とは雲泥の差で、到る所に政治的民主があふれ、人民が落ち着いた生活を送る新しい気運があった。著作の中で、記者は意識的に聶栄臻《じょうえいしん》将軍を紹介した。人々が旧正月を迎える華やかな様子、ちょうど行われている大生産と告白清算運動など、こうした実録を通して、張家口の神秘的なベールが一枚一枚はがされていった。

9. 忠誠の戦士　精彩を放つ論評

熊復

熊復《ゆうふく》（一九一五～一九九五）、四川省隣水の人。ペンネームは清水、庭鈞、曼絲、茹純、傅容など。早くから隣水中学で学ぶ。四川大学中退。一九三六年中華民族解放先鋒隊に参加。一九三七年中国共産党に加入。一九三八年二月、革命を追求するため、熊復は辛酸をなめつくして延安に到着し、中国人民抗日軍事政治大学（抗大）第二大隊で学ぶ。学校側はすぐに、この四川大学生が機敏で勉強好きで、文化教養も高いことを発見し、第三大隊の政治処で宣伝処長を担当させた。

当時、抗大は全国各地の愛国青年を集めていた。彼らは情熱に溢れ、全身に活力がみなぎっていた。教育娯楽活動も十分に活発であった。一九三八年十月末、熊復は三大隊から卒業し、学校の政治部宣伝科編集組のリーダーとして配属され、校の刊行物と抗大叢書の編集を担当した。これは彼が新聞出版の仕事をしていく上での良い基礎となった。朝鮮族の作曲家、鄭律成も同じ宣伝科にいて、二人は同じヤオトンに暮らし、兄弟のようだった。ともに芸術を愛し、共同で『延水謡』という有名な抗日戦歌曲を創作した。熊復はのちに、この歌詞の構想について、歌謡の形式を試し、青年男女の愛情をとおして「銃を取って前線に向かい、救国で名を得る」という考えを表現したと語った。抒情的な歌詞に美しい曲調が相まって、この歌はすぐに広く延安中に広まり、さらに全国に流行した。これに続き、彼と鄭律成は延安の生産をうたった『生産謡』も共同作成した。

一九三九年、熊復は抗大に別れを告げて、四川へ戻り、重慶『新華日報』で仕事を始めた。資料室勤務に始まり、のちに編集部主任、編集長となり、党の報道従事者としての生活を始めた。

一九九二年に出版された『熊復文集』（第一巻）には、重慶時代のエッセイ等六編、一九三九年から一九四七年までの国際情勢及び重大問題関する論文三十三編、一九四六年五月以降『新華日報』編集長として書いた社説六十編、『新華日報』に書いた国際評論十九編が収録されている。そのうちの国際評論は『新華日報』のコラムで、一九三八年二月から始まり、もとは『国際一週』というタイトルだった。執筆者は章漢夫、石西民、畢朔望、喬冠華、夏衍そして熊復だった。一九四三年一月から一九四六年三月にかけては、主要な執筆者は喬冠華（署名は於懐）で、喬冠華が不在の間は夏衍が執筆した。一九四六年七月以降、熊復が筆を執った。特殊な職務環境の中で、熊復は社説の執筆の力を磨き、党報の素晴らしい筆者となった。一九四七年一月、『新華日報』創刊九周年に当たり、編集部が発表した『検討与勉励』は熊復の筆によるもので、『新華日報』の発刊の立場、方針及び日報が直面した境遇や困難を系統立てて紹介、編集方針、言論、版面、レポート、副刊、コラム、発行などに関する読者からの意見や要望について、積極的に回答し、マルクス主義新聞思想について述べた、代表的な学術的文章と称された。

『紅旗』

一九四七年二月、重慶『新華日報』が国民党当局により封鎖された後、新しい職場に赴き、『晋綏日報』副編集長、中原中央局、華中中央局、及び中南中央局宣伝部副部長、中共鄭州武漢市委員会宣伝部部長、中原日報社社長、新華社中原、華中、中南総分社社長、中南文学芸術界連合会主席、中南新聞出版局局長等、新中国の地方新聞事業に重要な貢献をした。一九五三年、熊復は北京に異動になり、中央宣伝部秘書長、中央連絡部秘書長、副部長、中共宣伝部副部長、中共中央毛沢東著作編集委員会副主任、紅旗雑誌社総編集長などの職を担当した。

『実施憲政与教育的民主性問題』について

一九三九年九月、国民参政会第一期第四次会議が重慶で開催され、中間党派はそれぞれ憲政に関する重要提案を幾つか提出した。その中心的な内容は、全民族による抗戦の実現、人民の抗日民主権利を獲得すること、加えて民主政治の実現で、ここに国民党統治地域に第一次憲政運動が巻き起こった。このような背景のもと、この社説『実施憲政与教育的民主性問題』は教育の民主制に重点を置いたものだ。その意味は、教育の民主性の転換により、民主政治の実現を進めるということだった。筆者は教育の民主制の問題に関する意義、範囲、現状及び要求など幾つかの方面から、抗戦教育の民主性、教育に必要なすべての方面で民主化への大転換を図る必要性及び施策を順を追って論及した。また抗戦教育の中心的役割とは、現実への批判、教育の民主性が抗日戦争内部運動のプロセスでの重要な要素であること、全民族が抗日戦争の勝利の上で発生させる作用であり、それにより、その戦闘の本質が発揮できると明確にした。文全体のロジックは厳密で深く、言葉はリズミカルで憲政運動が論壇から社会へと向かう潮流に呼応したものだった。

『内戦与外援』について

一九四六年六月、蒋介石は停戦協定と政協協議を破棄し、中原解放区に大挙して侵攻、全面内戦を開始した。戦争の開始直後は、国民党は経済、軍事上優勢を占め、しかもアメリカ政府の財政、軍事上の大きな支援があった。筆者は国民党統治下の地域の党報を借りて、全国人民に国民党こそ内戦の元凶で、アメリカ政府はその共犯者であると知らせた。内戦と外部からの支援にはどのような密接な関係があるかについては、支援は内戦の根本的原因ではないものの、内戦に必要な条件であると筆者は鋭く指摘した。文章中、一問一答の形で、国民党とアメリカ政府の公然とした言いがかりに反駁した。こうした設問は比較的平板ではあるが、より説得力があった。文章の最後で、国民党宣伝機関の重大な虚言を明らかにし、アメリカ政府に対し論理正しく、「悪い政府」を援助することにより全中国人民が反対している内戦を支持しており、中国人民には否定する権利と反対する必要性があると警告した。この社説は中国人民の正しい要求を反映したものである。

10. 延河に翻る新華の旗

繆海稜

繆海稜《ぼくかいりょう》（一九一五～一九九六）は四川西昌の人、本名は繆光欽、別名を雷波、ペンネームは海稜、問津など。一九三六年、四川大学在学中に中華民族解放先鋒隊に参加。一九三八年のはじめ、革命の聖地延安に参じる。ここで青年時代の重要で忘れがたい時間を過ごし、生涯の仕事と理想の追求に影響を受けた。同年四月、中国共産党に加入。

一九三九年夏、繆海稜は新華通訊社に入り、通訊科の責任者となった。延安と陝西、甘粛、寧夏辺区各県の工農通信員網を積極的に組織化し、編集した『通訊』は、延安時期の新華社が出版した初の報道刊行物となった。延安と各抗日拠点の戦争生活を反映する報道に関して企画と取材の責任者となり、重慶『新華日報』『国民公報』及び香港の進歩的新聞に特別寄稿を編集し送付した。また翻訳してソ連新聞社へも送付し、新華社の業務に新たな局面を拓いた。この時期、繆海稜は中国青年新聞記者学会延安分会の理事兼秘書に選ばれている。

皖南事変の後、新華社は毛主席が送ってきた緊急文を受け取り、急いで複製を全国に送るよう指示された。繆海稜は清涼山千仏洞印刷工場へ原稿を持ち込むことになった。厳冬の寒風が吹き、狼の遠吠えがあちこちに聞こえる暗闇の中、片手にカンテラ、もう一方に木の棒を持ち、原稿をしっかりくるんで懐に入れ、でこぼこ道を進んだ。楊家嶺から清涼山までおおむね一．五キロあまりを、よろめきながら歩き、全身汗まみれになった。この原稿は特急稿として処理され、次の日の朝早く『今日新聞』の一面トップになった。繆海稜が楊家嶺の新華社ヤオトンに戻ったときには空は白み始めていた。朝食を取っていると、さらに延安の市街へ行き、国民党膚施県郵電局から重慶『新華日報』及び全国の新聞界に緊急電報を送り、皖南事変の真相を天下に明らかにするよう命令を受けた。

一九四一年、繆海稜は延安『解放日報』記者、特派員、隴東通訊処主任などとして配属された。当時の延安の生活や労働条件はつらいものだった。今日の新聞記者が使用するような録音機、カメラや近代的な交通手段はなく、自転車や万年筆すらなかった。

自分の手足が頼りで、自作の草履をはいて、手には一本の鉛筆とノートを持って、リュックサックを背負い、各機関、工場、部隊、学校や農村を歩き回った。ある時は一日に五十数キロを歩かねばならず、話し合い、取材、記録、執筆を行い、ある時には実際に仕事に交じる必要もあった。常に農民達と一つのオンドルで眠り、同じ鍋をつついた。革命の情熱と若さに任せて、夜も日も仕事をし、当時の陝西、甘粛、寧夏辺区の人々の生活や気持ちを記録し、報道した。

解放戦争の初期、繆海稜は軍について前線を取材した。一九四七年秋には、太行渉県に行き、新華総社解放区部副主任となった。一九四八年秋、新華社中原野戦軍分社、第二野戦軍総分社副社長となった。淮海戦役、渡江戦役、「解放大西南」などの重要な戦役の報道を企画、指導に当たった。

新中国の成立後、繆海稜は西南軍政委員会文化教育委員会委員、新華社西南総分社社長。東北総分社社長などの職についた。一九五四年から、新華社国内部副主任、主任、副社長、社編集委員会委員を歴任した。一九八〇年、新華社新聞研究部（のちに新聞研究所）主任となった。一九八三年『毛沢東新聞工作文選』の編集作業を取り仕切った。同時に、中華全国新聞工作者協会の理事、中国社会科学院研究生院で指導教員も担当した。

解放日報

『解放日報』

『狂歓之夜』について

繆海稜は長い間新聞報道の組織化、指導の仕事に当たっていたが、また多くの時間を取材、編集に当て、延安及び陝西、甘粛、寧夏辺区党政軍の人々の戦闘生活に関する大量のニュース、レポート等を発表した。『狂歓之夜』はその中の一編である。

全文は八百字に満たないが、短い中にも一九四五年八月、延安の人々が日本軍の投降時にたいまつ行列を行った壮観な情景を描き出している。文章は詳細な点と全体的な面を描き出し、提灯の飾り付けから人々の喜ぶ様、太鼓の音が響き渡る場面があり、商人、労働者、宣伝隊、学校など東西南北の各機関の人々が走り回りお互いに知らせあい、たいまつ行列に参加する壮麗な場面、さらには名誉軍人から道の物売りまでが興奮して喜ぶ言葉を具体的に書いている。燃えさかるたいまつに混じり、スターリン、毛沢東、朱徳の大きな肖像画が高く掲げられている。民謡を歌う「秧歌隊」に加え、人々の歓声、歌声があちこちでわき起こっていく。こうした情景は中国人民の艱難辛苦、犠牲を忍んで受け、八年の抗日戦争を耐え抜き、最後に勝利の日が来たことに対する喜びの情を浮き彫りにしている。この原稿が『解放日報』に掲載され、好評を博したのもうなずける。

『老等』について

繆海稜は新聞戦線のリーダーであるばかりでなく、新聞理論研究と教育にも従事していた。『論新聞採訪与報道』という本は、彼が長年報道に携わった経験の総括と研究成果である。『老等』はその中の一編である。

文章は「ウサギが切り株にぶつかるのを待つ」ことを例えとして、自らニュースの手がかりを探そうとしない新聞記者を批判し、生き生きとして鋭く、作者の高い理論水準と文学的素養を示している。重大ニュースを逃したのを、自らのせいにせず、人が知らせてくれなかったせいにする、所属する農村や工場を無限のニュース源とし、その範囲でのみ取材する、現場に行き第一次資料を探そうとせず、報告を元にニュースを書く…。こうした自主性や積極性に欠けた記者について描写している。こうした解放後に中国新聞界に現れた好ましくない現象は、時の新華社副社長で社編集委員会委員だった繆海稜の注意を引いた。

繆海稜は外国記者のスクープをものにしようという競争精神に敬服しており、文中に例を挙げ、自主性を失った「待つだけ」記者と鮮明な対比をした。記者は自らあらゆる手段でニュースを探すものだ、という結論がはっきりと現れている。

この文章は一九五七年に書かれたものだが、現在読んでも意義のあるものである。

11．一生を中国の新聞事業に捧げた

イスラエル・エプスタイン

イスラエル・エプスタイン（一九一五～二〇〇五）は、一九一五年ポーランド、ワルシャワ生まれのユダヤ人である。戦火に追われ、一家でハルピンにきたのち、天津に住んだ。エプスタインは回顧して「我が家が中国にあることは歴史で定められていた」と語った。「ここで育ち、ここで経験を積み、ここで自分の国籍を選んだ。」

エプスタイン、鼻が高く、金髪、青い目の西洋人は、近代中国史の幾度もの大激動を経験した。無名の若い記者から、新中国対外宣伝の大家となり、中国に一生を捧げた。エプスタインの伝奇的な報道人生は、間違いなく中国新聞報道史上に鮮明な一筆となっている。一九四四年、延安に取材に来たエプスタインは、毛沢東から石版画をもらった。それを生涯そばに置いていた。一九七五年、晩年の宋慶齢はエプスタイン

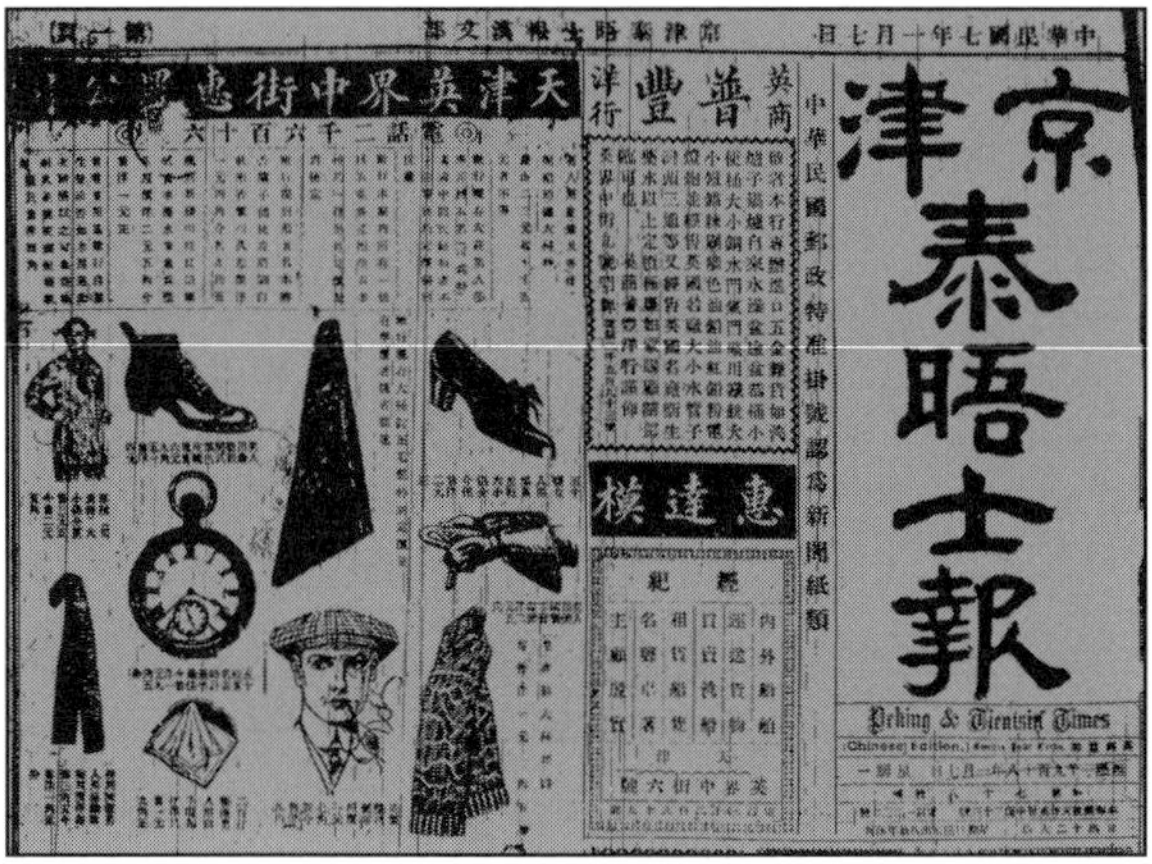
中華民國七年十一月七日
京津泰晤士報
中華民國郵政特准掛號認為新聞紙類
天津英界中街惠羅公司
Peking & Tientsin Times

『京津泰晤士報』

に手紙を送り、伝記を書いてほしいと頼んだ。「私はエプス（愛称）だけがこの事をできると信頼しています、他の人よりも私のことを理解しているからです」と語った。一九九五年、時の中共中央総書記、国家主席の江沢民は、人民大会堂でのエプスタインの八十歳のお祝いに際して、新中国国際宣伝と新聞報道事業に重要な貢献をしたと褒め称えた。

エプスタインは十五歳の時に天津の新聞界で最年少の従事者となった。「新聞はいい学校だった」と彼は言っている。新聞社では仕事の能力を鍛えられる他、様々な方面の知識を学ぶことができ、どんな仕事でも必要な責任感や事業に対する心がまえを学ぶことができたからだ。

一九三六年、国民党中央社の出す嘘の情報に、率直なエプスタインは風刺を込めて「朱徳又死了（朱徳がまた死んだ）」というタイトルをつけたため、解雇されてしまった。一九三七年七月七日、抗日戦争が始まった。アメリカ合衆社の記者として、エプスタインは硝煙に満ちた戦場を奔走、中華民族の戦士や人民が血を浴びて戦う姿を報道、強烈な正義感を持った記者に成長した。

報道活動が日本の侵略者の注意を引いたため、エプスタインは天津をはなれ、南京、武漢、広州などの抗日戦を取材した。広州ではデモ隊の中で、尊敬していた宋慶齢に初めて出会った。ここから深い革命の友情が始まった。一九三八年、エプスタインは香港で宋慶齢が主宰する保衛中国同盟に正式に参加、中央委員、機関報『新聞通訊』の責任者となり、全世界に中国の真の姿を報道する任務を担った。

一九四五年、エプスタインはアメリカに居を定めた。一九四九年十月、新中国が成立したという知らせに、エプスタインは感激し、アメリカ市民に向けて新中国を紹介、アメリカの情報部門、治安部門の監視と干渉を招いた。一九五一年春の終わり、エプスタイン夫妻は新中国に戻り、対外宣伝英文刊行物『中国建設』の発行準備、実行に携わった。新中国での経歴について回顧するとき、エプスタインは「私が私を育て教えてくれた中国に戻ると決めたことは、全く正しかった。それに、ともに苦労と喜びを分かち合った新中国を離れようと考えたことがないのも確かなことだった」と語っている。

エプスタインの成功は、歴史と人類の進歩に深い理解をしていただけでなく、それを記者の言葉で異なる国に伝えたこと、特に東西のイデオロギーの違いや障壁を越えたことである。この点で、彼の時代において大変貴重である。

『開灤煤礦』について

これは、社会主義中国の炭鉱業についてのルポルタージュである。エプスタインはかつての植民地産業であった開《カイ》灤《ルワン》炭鉱を選び、報道した。歴史をさかのぼり、現状を描写することにより、新中国の鉱工業が人民の手により、うまく運営されていることを力強く証明し、全国の社会主義建設に役立った。生き生きとして流麗な言葉、西洋人が受け入れやすい形式で報道し、文中で積極的に西側の疑問に答えるように努めた。報道は、歴史背景についても、情報源の信頼性についても、十分に綿密であった。文中で西洋の文献を多く引用し、説得力を持たせ、明確な事実と正確な数字で自己の立場を明らかにし、中味のない論述は使わなかった。これには当時の対外宣伝工作に従事するものが学んだのみならず、現在の中国で国際報道事業に当たる者にも参考となるものである。

12・偉人の風貌をストップモーションに

徐肖冰

彼はカメラで偉人の風貌を切り取り、写真で勝利の瞬間を記録し、映像で歴史の通り道を敷いた。情熱で中国の共産主義映画事業を開拓した。彼とは、毛沢東が「延安の粟のおかゆを食べて育った」と評した革命撮影家、徐肖冰《じょしょうひょう》（一九一六～二〇〇九）である。

一九一六年、徐肖冰は浙江省桐郷県のある有力者の家庭に生まれた。一九三二年徐肖冰は上海に行き、呉蔚雲、呉印鹹などのカメラマンに師事し、撮影技能を学んだ。また、『風雲児女』『自由神』等の進歩的映画の撮影にも参加した。

一九三七年九月、徐肖冰は八路軍に加入した。「私は戦闘には向いていません。しかし、私にはカメラがある。八路軍が勇敢に日本軍と戦う姿を報道し、全中国、ひいては全世界が八路軍を、共産党を理解するようにしたいのです。」これは徐肖冰が山西太原八路軍弁事処に初めて行き、八路軍に加入しようとして話した言葉である。彼の技能と誠意は周恩来同志に喜ばれた。彼は飾り気のない言葉で自分の希望を表現し、さらに情熱を込めて自分の約束を実行した。その後の延安軍隊生活で『毛主席在抗大講〝論持久戦〟』『総司令朱徳在太行山』『彭徳懐在前線』『毛沢東重慶揮手告別』等歴史に名を残す写真を次々と世に出した。

徐肖冰はカメラで戦争の写真を撮ったばかりでなく動画でも戦争の記録を残した。一九三八年はじめに八路軍延安電影（映画）隊をつくるのに参加し、大型記録映画『延安与八路軍』の撮影に加わった。一九四六年春には東北電影制片廠に異動、『活捉謝文東』『東北三年解放戦争』等多くの映画撮影に参加した。その中の『東北三年解放戦争』は文化部一九四九―一九五五年の長編記録映画二等賞に輝いた。

一九四九年、徐肖冰は北京電影制片廠に異動になり、『毛主席朱総司令莅平閲兵』『新政治協商会議』等ニュース記録映画の撮影に加わった。ソ連と共同作成した記録映画『解放了的中国』は、一九四九―一九五五年長編記録映画一等賞を獲得した。徐肖冰は中国側の制作者の一人として、一九五〇年スターリン賞金一等賞を受賞した。

一九五〇年、朝鮮戦争が勃発後、徐肖冰はニュース撮影隊を率いて、『抗美援朝第一部』『英雄賛』などの映画を撮影した。『抗美援朝第一部』は文化部が授与した優秀長編記録映画一等賞を受賞した。期間中徐肖冰は、板門店中方新団副団長を務め、朝鮮政府から二級国旗勲章を授与された。

一九五三年、徐肖冰は中央新聞記録電影制片廠撮影隊総隊長、副廠長に異動になり、『開国大典』『英雄賛』等を撮影した。一九六三年カンボジアの記録映画撮影に協力し、シアヌーク殿下から叙勲された。

四人組打倒後、中国撮影家協会の主席となり、多くの困難を克服、中央の政策を実現させ、撮影界に残された四人組の毒を除くのに重要な貢献をした。

一九八六年から徐肖冰と同じく著名な撮影家である夫人の候波が資金を出し、とりためた写真をつかい、国内外で無償で「徐肖冰、候波夫婦撮影聯会」を開催、中華人民共和国の歴史と党の光り輝くイメージを宣伝した。一九八九年夫妻が共同で出した撮影作品集『路』は国家図書賞を獲得した。二〇〇四年十二月、また夫人の候波とともに『毛沢東之路——画説毛沢東和他的戦友』を共同出版した。

二〇〇五年、徐肖冰は人事部、国家広播電影電視総局から『国家有突出貢献電影芸術家』の称号を与えられた。二〇〇六年、撮影大師の称号、二〇〇七年、造形芸術成就賞、二〇〇九年、中国撮影金像賞終身成就賞を得る。

二〇〇九年十月二十七日、徐肖冰は北京で亡くなる。徐肖冰は一生をかけて、カメラと撮影機を友とし、光陰を瞬間に濃縮して、レンズで世紀を記録し、生命の実証を追求した。

『毛主席在抗大講“論持久戦”』（1938年）

『毛主席在抗大講〝論持久戦〟』について

この写真は一九三八年に撮影された。毛沢東が抗日軍政大学四大隊で「論持久戦」の題で講演したときのものである。徐肖冰はひっそりとこの偉大な後ろ姿をカメラで狙った。

一九六八年、三十年間しまい込まれていたこの写真が公開されたとき、これはなかなか見られない珍しいものだということで撮影界は一致した。「指導者を撮影する時にあえて側面からとる､聴衆をいれることで際立たせている。瞬間をうまく捉え、動作も生き生きとしている」このような賞賛に対して、徐肖冰は謙虚に「そのころの自分は、芸術上の理論は考慮したことがなかった、そんな水準ではなかった」と言っている。「あれは一九三八年の冬で、主席は抗日軍政大学四大隊で持久戦について論じていた。その講演は人を引きつけ、会場には笑い声や拍手が絶え間なく起こっていた。その日会場は人でぎっしりで、カメラを持って正面から主席の写真を撮ろうとしたが、レンズの中には人の頭ばかりで主席が見えなかった。しかたなく脇へ回って、主席をとるしかなかった。選んだ角度にちょうど聴衆が入っていた」「主席はちょうど立って演説をしているところで、私が撮影しているのに気づいていなかった。それゆえ自然なのである。」

『彭徳懐在前線』(1941 年)

『彭徳懐在前線』について

『彭徳懐在前線』は、よく知られた写真である。一九六〇年代から七〇年代に生まれた男の子は、家の壁に多くの偉人の写真が貼られていて、その中で最も好きだった写真の一つだというだろう。撮影技術の典から見ると、光線、構図、奥行き、人物の様子、体の表現、周囲の状況など、すべて完璧である。この写真の最大の魅力は、抗日戦争の最も苦しい状況下で、中国人に引き続き敵を打倒する勇気と自信を見せたことである。一九四一年「百団大戦」の間に撮影された。日本の「中国即刻滅亡論」のでたらめがのさばり、中国の抗戦が低迷しているとき、人心を勝利に奮い立たせる必要があった。「百団大戦」は、長く敵の作戦に持ちこたえてきた八路軍が、日本軍に対して発した怒号である。大戦前線の最高司令官として、彭徳懐は億万の同胞に対する責任を負い、大刀、長槍、小銃という遅れた装備で、飛行機、タンク、大砲で武装した敵に立ち向かった。こうした重圧に写真の中の彭徳懐からは「誰が立ち向かおうとするのか、我、彭大将軍のみだ」と言う気概が見て取れる。前線の武器に対峙し、なお冷静沈着で盤石の構え、勝算ありとの自信、この気概と自信がまさに亡国の縁に立たされた多くの民衆が必要としていたものだ。

13. 記者から作家へ

劉白羽

劉白羽《りゅうはくう》（一九一六～二〇〇五）は長い期間作家だった。彼の記者生活はその文学創作に対しては、非常に短いと言える。ただし、その短さは、彼が名記者となるのを妨げるものではなかった。解放戦争前夜から新中国の成立にかけて、劉白羽は人民新聞戦線上、大きな影響力のある軍事記者だった。作家としての、生活の美しさを理解し、芸術を再現する修養と能力で、詳細で深く生き生きとしたレポート、ルポルタージュを多く書いて、特徴のある作家型の記者となった。

一九三八年、劉白羽は延安に行き、延安文芸座談会に参加した後、『解放日報』に『読毛沢東同志「在延安文芸座談会上的講話」』を発表、工業や農業従事者を結びつける道を歩き始めた。

一九四四年、劉白羽は周恩来の依頼で、重慶に宣伝に赴き、延安文芸座談会の講演を紹介した。任務が完了した後、劉白羽は重慶新華日報社に入り、副刊の編集を担当した。重慶『新華日報』で働いている間に、国内の戦争色が濃くなり、中共、国民党及びアメリカは調停執行部を設置することで合意に達し、幾つかのグループを戦闘の起こっている場所の調停に派遣することにした。一九四六年初め、劉白羽は周恩来に派遣され、新華日報社の記者として、北平軍調執行部記者団に参加して、東北の調査取材に行った。これが記者としての経歴の始まりである。東北に向かう前、周恩来は劉白羽に任務を二つ与えた。共産党の東北での実力を報道することと、東北の人々に真実の状況を知らせることである。

東北に到着した後、劉白羽は三カ月間をかけて、瀋陽、本渓、撫順、安東、通化、四平、長春など広い地域を歩き、東北のいろいろな状況に対して、広く深い調査、取材を行った。延安に戻った後、大作のレポート『環行東北』を書き、すぐに国内外に広く注目され、国民党反動派による虚偽の宣伝を粉砕した。

一九四六年十月、劉白羽は再度周恩来に派遣され、東北に入った。ハルビンはすでに雪だった。綿の軍服すら準備できていなかったが、部隊について「一下江南」の戦闘に参加した。戦闘中に劉白羽は負傷。けがが治るまでの間、東北人民のこの戦争への姿勢について洞察して、東北戦線への参加後初めてのレポートとなる『人民与戦争』を書いて、『東北日報』に発表した。この中で東北での勝敗が人心の支持、不支持をを決定づけると明確に指摘した。傷が癒えた後、劉白羽は部隊に戻り、「三下江南」の戦闘に参加した。瀋陽が攻め落とされた後、瀋陽軍事管制委員会陳雲は劉白羽を探し、一つの任務を与えた。毎日街頭で市民の反応を観察し、それを報告することである。陳雲の指揮のもと、劉白羽は大量の調査を行い、レポートの名作である『光明照耀着瀋陽』を書いた。東北が解放された後、劉白羽は軍について中央部に戻り、『北平入城記』『第一次会合』『偉大人民力量的検閲』等の報道レポートを書いた。一九四九年四月、軍にしたがって南下し、松花江から黄河を越え、長江沿岸まで行った。その足跡は中国の半分以上

劉白羽の著作『朝鮮在戦火中前進』

となる。戦闘生活は劉白羽の意志を磨いたばかりでなく、彼のその後の創作に多くの素材を提供し、創作への情熱を刺激した。後の名作『無敵三銃士』等はこの背景のもと、創作されている。

新中国が成立した後、劉白羽は違う仕事に配属になり、記者生活はここで終わった。劉白羽は後に回顧して、「若い頃、しなかった二つのこと、一つは記者、もう一つは教師。この二つを革命に参加した後、やることになった」と語った。途中で命令を受けた劉白羽の記者生活は短いものではあったが、成功したのは間違いない。

『光明照耀着瀋陽』について

劉白羽のこの文章は、解放後の瀋陽の全貌について記述し、天地がひっくり返るような変化が起こったことを報道している。瀋陽は解放戦争の中で、中国人民解放軍が初めて攻め勝った人口百万を超える工業都市であり、劉白羽は解放軍が市内に入り、順調に接収管理する様子の直接の経験者で観察者となった。彼は当時瀋陽の状況比較的熟知していたと言える。市内に入って以降、劉白羽はまた軍事管制委員会主任、陳雲の指揮下で大量かつ深い調査取材を行い、多くの第一次資料を集めた。これはこの佳作を書くのに良い基礎資料となった。劉白羽は戦争の勝利に対して冷静な認識を持っており、この文章の第二部分で、この戦争に対する瀋陽の人心の向背を説明、人々ははっきりと、共産党のみが中国を解放するものだとすでに認識していると書いた。当然ながらこの文章の意義はそれに留まらず、一つの疑問への回答でもあった。

一九四八年十一月三日、人民解放軍が瀋陽市内に入ったとき、かなりの人は共産党が瀋陽という大工業都市を管理する能力がないのではと疑っていた。劉白羽のこの文章は一九四八年十一月二十一日『東北時報』に掲載され、タイミング良くこの疑問に肯定的な回答を出したものである。のちに劉白羽は自分でも、「これは私が書いたものが良かったからではなく、全国人民が疑ったり様子見をしている問題に答えたものだったからだ。」と語っている。劉白羽は文中で実例やデータを使って、瀋陽が軍事管制委員会の管理下で、各業界がもとどおりに回復してはじめており、街の秩序は安定していると説明している。これは共産党人は大都市を奪い返しただけでなく、管理もできるということを力強く説明したものである。毛沢東が新華社の原稿の中にこの文章を見た後、即座によしとしたことも、うなずける話である。

14. 抗日の本拠地を全面的に報道した初めての人

陳克寒

陳克寒《ちんこくかん》（一九一七～一九八〇）は、浙江省慈渓の人。高級小学校を卒業して仕事を始め、『上海晨報』と『大美晩報』の記者になる。一九三三年、陳克寒が書いた、神州国光社が国民党特務に打ち壊された報道が魯迅の注意を惹き、「最も面白い」と評価された。同じ年、陳克寒は中国左翼作家連盟に参加。一九三四年、わずか十七歳の陳克寒は中国共産党に加入、福州、上海、重慶、西安などで党の情報工作を行った。

一九三八年、抗日戦ののろしが上がると、陳克寒は、漢口『新華日報』の特派員、『新華日報』の駐華北特派記者となった。彼は、政治的に鋭い感覚を持っており、辺区（革命根拠地）の創建、民主政権建設、統一戦線の実践、農民運動の発展、女性地位向上の発展、炭鉱労働者遊撃隊の闘争、辺区の財政金融状況、新型文化教育などについて調査、取材を行い、レポート『模範抗日根拠地晋察冀辺区』シリーズを書いた。これは国内で初めて、全面的系統的に抗日拠点を報道したものと認められた。一九三九年一月、華北『新華日報』の副総編集長を担当、新聞に、抗戦と根拠地指導の仕事に関する社説を大量に書いた。一九四〇年秋、八路軍が有名な百団大戦を開始し、日本軍のいわゆる封じ込め作戦を粉砕し、侵略日本軍を打撃した。聞くところによると、彭徳懐、左権らの人がこの戦役の名前を思案していたとき、ある人が参戦部隊がすでに百五団あり、百団大戦とは言えるのかと疑問を投げかけた。彭徳懐が視線をその場にいた陳克寒に向けたところ、陳克寒は作戦の気迫をよく伝えていて、大変良いと思うと答えた。彭徳懐が最終的に「百団大戦」に決定した。陳克寒の計画と組織作りのもと、華北『新華日報』は専門版の形式で連続して百団大戦の速報と多くの記者による現地報告を掲載した。力強く中国の戦果を宣伝し、軍隊と根拠地の人民の自信を鼓舞した。朱徳はかつて一度ならず華北『新華日報』の同志に、君たちの一つの鉛の活字が、八路軍の一発の砲弾に相当すると話していた。

一九四二年五月二十四日、日本軍が八路軍総本部と北方局に大規模な掃討戦をかけた。新華日報社社長何雲と四十六人の同志が壮絶な犠牲となり、抗日戦争の期間を通して、中国共産党新聞戦線での最も悲惨な損失となった。根拠地では敵により蚕食されたため、生活条件は極度に困難となった。その状況のもとで、陳克寒は『新華日報』華北分社社長兼総編集長を引き継ぎ、新聞社の同志を指導して、深く群衆の中に入り、深く抗戦の前線に入り、党報としての組織建設作用を十分に発揮した。一九四三年秋、華北『新華日報』は太行版と名前を変え、陳克寒は延安に異動、中共中央中原局宣伝部副部長、新華通訊社副社長兼副総編集長などの職務を担当した。一九五〇年、新華社社長兼総編集長に選任された。この期間、党の新聞工作の重点は新聞中心から社中心に変わり、陳克寒は前線と地区分社の設立を指揮し、新華総社の統一的な集中管理を実現、新華社の組織づくりを強化して成果を残したと広く認められた。

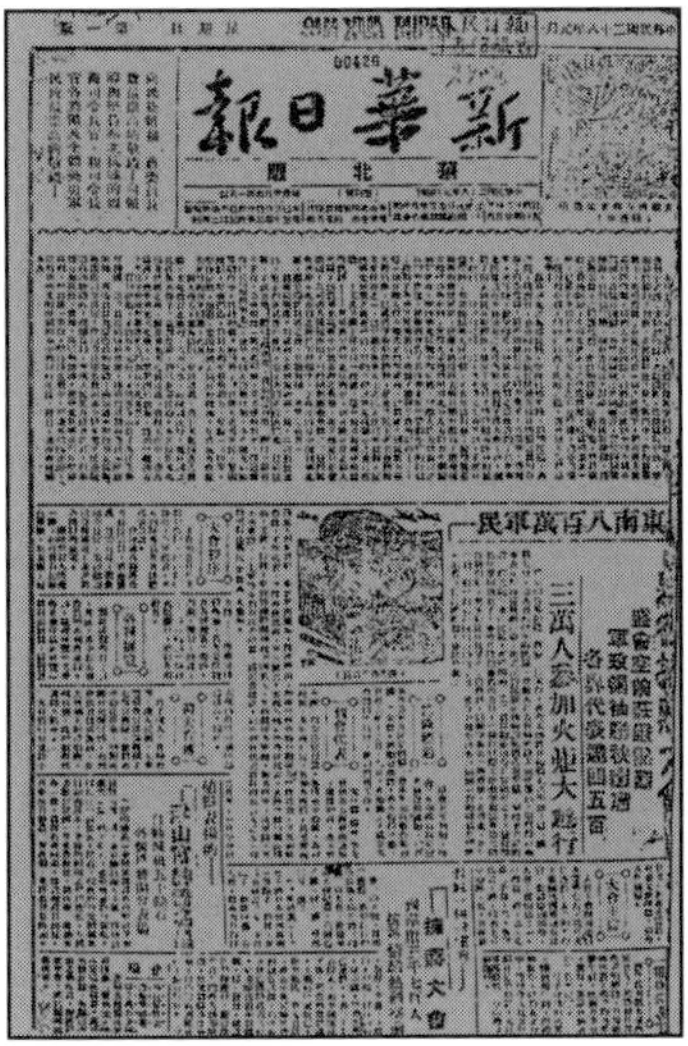
新華日報

華北版

『新華日報』（華北版）

一九三六年の西安事変の時期以降、紅色中華通訊社西安分社に入って働き始め、一九五一年末に健康上の理由で新華社社長の職務を離れるまで、この間が陳克寒にとって報道人生の黄金時代だった。

新華社をやめた後、陳克寒は新聞総署党組副書記、中共中央宣伝部宣伝処処長、出版総署副署長、党組書記、文化部副部長、党組副書記を務めた。一九五八年、中共北京市委員会書記処書記に任ぜられる。一九七七年、政協北京市第五期委員会副主席に選ばれ、一九七九年、北京市第七期人民代表大会常務委員会副主任に選ばれる。文革中に迫害を受け、全身に後遺症が残る。一九八〇年七月、病で逝去、六十三歳だった。

『遊撃生活三個月』について

『遊撃生活三個月』が発表されたのは、一九三八年五月、抗日戦争が始まっておよそ一年近くたった頃で、毛沢東同志が『論持久戦』を発表、「亡国論」と「速勝論」を批判し、中国が必ず勝つことは、歴史発展の規則に符合する必然的な結果であることを科学的に論証した事が背景にある。作者は、漢口『新華日報』特派員の身分で、山西省の西に深く入り、民衆の遊撃戦の状況を考察した。全文は記者が問いかけ、ある遊撃隊長が答える形で、三ヶ月に渡る遊撃戦の戦闘生活について紹介している。隊長の真に迫った話しぶりを通して、遊撃隊員が冷静な民族意識と革命楽観主義の精神を持っている事がわかる。同時に、遊撃隊員は非常に知恵があり、深く群衆に入ることができ、良好な規律性によって民衆と交わり商売をし、民衆の支持と信任を得ている。これは全国人民が持久戦を続け最後に勝利を得る自信のよりどころであった。

『認識敵後戦争的厳重性与残酷性』について

一九四〇年秋、華北にある各抗日根拠地の八路軍は、有名な百団大戦を発動した。日本軍のいわゆる封じ込め作戦を粉砕し、華北の日本軍に打撃を与えた。しかしこの時期、日本軍が中国を侵略する上で、明らかな変化が発生しており、表面上は基本的に国民党統治下の地域への軍事侵攻を停止し、政治的に降伏を勧める一方、同時に抗日根拠地に力を集中して、大掃討をかけ、「焼光、殺光、搶光（焼き尽くし、殺しつくし、奪い尽くす）」「三光主義」を行った。作者は鋭敏に当時の全体的な問題を把握し、抗日戦争の重要性と残酷さを人々に知らせた。作者は大局の情勢把握に優れており、抗戦の複雑な局面を予見していた。すなわち、敵の後方での掃討と反掃討の激しい戦いが連綿として続き、戦闘と戦闘の間隔が日増しに短くなり、根拠地の経済的物資的困難が大きく増すことなどである。闘争と根拠地の工作を力強く指導し、各根拠地の人民の自力更正と抗戦を戦い抜く決意を鼓舞した。

15. 革命的な撮影　伝奇的な人生

石少華

石少華《せきしょうか》（一九一八～一九九八）は広東省番禺の人、一九一八年五月香港に生まれ、一九二三年、両親とともに広州に戻る。一九三二年から嶺南大学西関分校付属中学、康楽嶺南大学付属高級中学で学ぶ。在学中、撮影を趣味とし、アマチュア撮影活動を行った。思想では中共地下党組織の啓発教育を受け、革命を指向する。一九三八年春、地下党組織の手助けにより、石少華はカメラや撮影機材一式を持って、秘密裏に延安に向かった。陝北公学、抗日軍政大学で学ぶ。また中国共産党に加入、革命撮影家としての伝奇的な一生が始まった。

一九三八年十月、抗日軍政大学は石少華を校慶三周年写真展の準備要員に当てた。彼は抗大やその他の学校の様々な活動、延安の景色や人々の暮らしを撮影した。『毛主席和農民交談』『毛主席和小八路談話』はこの時期に生まれたものである。この二枚の写真は、石少華の青年時代の代表作であり、毛沢東の早期の貴重な映像を記録したものであるばかりでなく、また領袖と兵士の間、軍隊と人民の間の平等で和やかな関係を生き生きと表現したもので、毛沢東から大変喜ばれ、延安の日常的な政治生活の古典的作品と見なされているのである。

一九三九年秋、石少華は、抗日軍政大学の一部の移転に伴い、晋察冀抗日拠点地域に異動、冀中軍区政治部宣伝部撮影組組長、撮影科科長を歴任した。一九四三年、晋察冀画報社副主任に就任。一九四八年、華北画報社副主任になる。この期間、彼は『地道戦（地下道戦）』シリーズを撮影、現代戦争史上の偉大な創造を記録、様々な側面と階層の映像によって中国人民の知恵と人民戦争の威力を示した。『白洋淀上的雁翎隊』等のシリーズ作品は、白洋淀水上遊撃隊の伝説的な抗戦を写したものである。遊撃隊と敵との戦いの偉大な瞬間をとらえるため、石少華は六回にわたって雁翎隊があちこちで戦うのに随行した。一度は、日本軍が村を包囲しているところに遭遇、農民が銃を手にした石少華をむしろで巻いて戸口の横に立たせた。その結果、日本兵が三度やってきたが、むしろを突くこともなく、石少華は村人の助けで危険を脱することができた。日本軍が投降したあと、石少華は軍について華北の重要都市である張家口に進駐、『突進張家口』『大好河山重放光明』などの作品を撮影した。解放戦線の前線では、『懐来前線的炮兵陣地』などの作品を撮影した。一九六二年、石少華は北京で個人の写真展を開催、大きな反響をよび、北京の大新聞はそれぞれに報道し、「撮影家にして革命戦士」、作品は「貴重な資料であり、英雄的な詩編である」、戦いの日々の永遠の証人であると讃えた。

石少華は新聞撮影の仕事を好んだばかりでなく、その実践経験を総括することにも熱意を注ぎ、撮影の人材を育成する教育にも力を注いだ。彼が提案して司令官の呂正操が支持したため、冀中軍区は四期続けて撮影訓練隊を行った。一九四四年から一九四八年にかけて、石少華はさらに五期の撮影訓練班を実施し（合計九期）、百人余りになる中堅を育成した。これにより晋察冀と華北の戦場での新聞撮影がさらに活発になった。育成された人々は、のちに多くが新中国の撮影事業における高度人材となった。

一九五〇年、石少華は華北画報社から新聞出版総署中央新聞撮影局に異動、秘書長兼撮影処処長に任ぜられ、後に新華社撮影部主任、新華社副社長、国務院文化組秘書長等を歴任した。中国共産党第九期、十期中央委員会候補委員、また中国人民政治協商会議第二期、三期全国委員会委員に選ばれた。中国撮影学会（のちに撮影家協会と改称）第一期、二期、四期の主席となった。彼の企画で、一九五七年に雑誌『中国撮影』、一九五八年に『大衆撮影』が出版された。著書に『新聞撮影与撮影記者』『撮影理論与実践』等の専門書がある。

『毛主席与小八路』（1939 年）

『毛主席与小八路』について

この写真は、一九三九年四月二十四日の午前に撮影されたものである。当時、毛沢東は抗大生産運動初歩総結大会に参加する予定で、石少華ら抗大撮影団の記者たちは道端で待っていた。毛沢東が車を降りた後、「小八路」二人が山の斜面から駆け下りてきて挨拶をした。毛沢東は彼らに「君達、私に会いにきてくれたが、私が誰だか知ってるかい」と問いかけ「知ってます、毛主席でしょう」と小さな八路軍は自信を持って答えた。毛沢東は彼らの子供らしい話し方に笑いを誘われ、親しみを込めて、

『白洋淀上的雁翎隊——冀中水上遊擊隊』(1943年)

「いや、毛主席ではない、毛沢東だよ」と言いながら手のひらに毛沢東の三文字を書いた。写真の中の、背が高いほうの子は安定宝といい、年は十五歳だった。張学良将軍の実弟で当時抗大東北幹部隊隊長だった張学思の通信員をしていた。背の少し低いほうは劉長貴といい、十二歳で紅軍に参加し、一九三八年の末に延安に来たが、この時十四歳。起伏のある黄土高原で、革命のリーダーは二人のかわいい小八路軍に対し、腰をかがめ、教師が粘り強くその学生に教えるような様子で、この生き生きと調和のとれたショットをカメラマンが鋭敏に捉え、広く認められる佳作となっている。

『白洋淀上的雁翎隊』について

一九三八年、中国を侵略した日本軍は白洋淀に侵攻し、漁民たちの愛国心をかきたてた。彼らは手製の猟銃を持って、遊撃隊に参加し、故郷を守った。漁民はかつては自製の火薬を使って水鳥を撃つ際、しぶきで銃の中の火薬が湿らないようにするため、雁のきれいな長い羽を点火口に指していた。そのため、隊は雁翎隊という美しい名前で呼ばれた。雁翎隊の勇敢さは誰もがたたえた。「雁翎隊は神兵だ。影もなく来て去っていく。芦の湖で戦線を引き、敵を撃つと先祖に感謝する。雁翎隊は神兵だ。ネギを抜くように物見櫓を取ってくる。かつては大雁を撃ち、今は敵兵を撃つ。」この写真は『白洋淀上的雁翎隊――冀中水上遊撃隊』と題された記録写真で、雁翎隊の革命生活のある情景である。広く霞む白洋淀の上で、空は広く雲は多く波は静かで、数十艘の船がきれいに人の字の形に並んでいる様子は、秋の日に南に飛ぶ雁の群れのようである。遠くの果てしない芦原が見え隠れし、写真全体の構図は大変練られている。厳粛で秩序ある現場の雰囲気を溢れでているばかりでなく、同時に緊張の中にも叙情的な静けさも感じさせ、神出鬼没、鉄砲の音が鳴り雁が落ちる様子を想像させる。

16・辣腕の編集長

李荘

李荘《りしょう》（一九一八～二〇〇六）は一九一八年七月一日生まれ、祖籍は河北省徐水。一生報道の仕事に従事する。中国共産党が育てた世代の報道従事者。抗戦が始まった後、故郷を離れ、従軍して祖国を救うことを求め、転々として太行の根拠地に至る。抗日軍政大学に進み、中国共産党に加入して、新聞事業に身を投じた。

李荘は党の優秀な報道従事者で、命を投げ出す覚悟で一生奮闘した。一九三九年から『民族革命』通訊社記者として抗日救護運動を報道するのに始まり、『勝利報』『晋察冀日報』『新華日報』（華北版、太行版）で記者や編集者になった。一九四六年晋察冀豫『人民日報』の立ち上げに参加、一九四八年、中共中央機関報『人民日報』の創設に参加し、人民日報の創始者の一人となった。新華社晋察冀豫総分社、新華社華北総分社、新華社北平分社で仕事をする。新中国成立後は、人民日報社でずっと仕事をし、農村部、国内部、総編室主任、副総編集、総編集長を任された。

李莊は卓越した報道従事者で、心血を注ぎ、ペンを止めることがなかった。民族解放闘争と社会主義建設の時期、人に伝え読まれ、広く社会に影響のある作品を大量に発表した。例えば抗日戦争機関に書いた『在保衛大武漢的緊急声明中紀念魯迅先生』『敵後三月』『殲敵老虎嘴』、解放戦争期間に取材した『為七百万人民請命』『真理的勝利』などである。新中国の開国式典を記録した『〝中国人従此站立起来了〟』『未来是属於我們的』『慶賀中華人民共和国的誕生』、朝鮮戦争の時期に中国と朝鮮軍の死闘を描いた『〝三八線〟上』『朝鮮新解放区目撃記』『被人們歓呼〝万歳〟的部隊』など、すべて中国新聞史上の名作である。レポート『任弼時同志二三事』は長い間中学の国語教科書に収録された。

李莊は改革を探求する報道従事者であり、思想解放を担う勇気があった。長い間の仕事の実践の中で、自ら体験し実行し、党性の原則を堅持して、党の新聞工作の良き伝統を発揚した。新聞の規律を守ることに重きを置いて、取材研究は、深く実際に入り、深く生活に入り、深く群衆に入ることが重要であると強調した。報道部隊の構築に関心を持ち、新聞事業の同志に理論学習を重視するよう説いた。積極的に理論と実際を関連させる流儀を提唱し、若い報道従事者の育成に心血を注いだ。退職後は、歴史を回顧することに力を注ぎ、考えの筋道を整理し、顧みて、史実を残し、経験、教訓を振り返って、『人民日報風雨四十年』『晩耕集』と『難得清醒』など八十万字あまりの著書を書いた。『人民日報』に歴史と貴重な財産を残し、また『党報伝統与新聞改革』『在新聞改革中先走一歩』など考えさせられる文章を残した。

李莊の報道人生は、前半は主に青鉛筆を使う、つまり記者等の名でニュースやレポートを書き、後半では赤鉛筆を使い、編集の視点や考え方からニュースや紙面を編集した。赤鉛筆も青鉛筆も十分使えた。革命戦争の時代から平和建設の時期にあって、乱世では手に武器を持ち筆を武器に変え、繁栄の時代は朝早くから夜遅くまで勤勉に働いた。

人民日報

慶賀中華人民共和國的成立！慶賀中國人民政治協商會議的成功！

全國人民團結一致，堅持人民民主專政，團結國際友人！

中國人民政治協商會議第一屆會議上
毛主席開幕詞

人民解放戰爭和人民大革命勝利

中華人民共和國開國盛典
中國人民政協開幕
毛澤東主席宣佈會議任務

社論
舊中國滅亡了，新中國誕生了！

『人民日報』

記者としては危険をかえりみずたくさん記事を書き、机に向かっては夜遅くまで原稿を書いて生き生きとして賞賛に値する。後の人が敬慕して、「能く書いて編集して論じ、声は論壇に満ち万編に苦労の文字がある、人のため、文のため、事物のため、皆口をそろえて潔白な家風であると言う」という意味の賛辞を送っている。

『中国人従此站立起来了』について

このレポートの名作は、テレビ番組のようである。レンズはゆっくりと簡素ながらも壮麗な会場を写し、尊敬を集めるリーダーを写し、各界の代表を写し、中山先生の肖像を写し、各界が贈ったお祝いの垂れ幕を写す…。遠景からズームインして近景まで、クローズアップも混ざる。とどろく礼砲と勇壮な『人民解放軍進行曲』が聞こえる。

興奮が高まる中、人物が出てくる。我々は毛沢東の、あの世界的な宣言、『人類の総数の四分の一を占める中国人民は、ここに立ち上がった』という声を聞く。宋慶齢、何香凝、張瀾など各界の名士の、喜びと将来へのあこがれに満ちた祝辞を聞く。

我々が見るのは喜びに満ちた色、深い意味のある会のシンボルマーク、マークのオレンジ色の裏打ち布を見る。会場の両側には赤い灯籠が並んでおり、新華門はきれいに塗り直されていて、両側に八本の紅旗が立てられ、門の下には大きな赤い灯籠がさげられている。

このレポートの名作は、中国画の作品のようである。細密な部分と大胆な部分がある。情景を描くときは細かく、色彩豊かで、人物を描くときはアウトラインを描き、六百あまりの中華民族の精鋭がシンボルマークの前に集まっている。細かいところでは各界の人々が首を挙げて欣喜雀躍して待つ様子を、大胆な部分では多くの人民が一目見たいと夢中になっている様子を描いている。濃淡よくすらすらと、大作家の風格が余すところなく現れていて、視覚的である。

『被人們歓呼〝万歳〟的部隊』について

中国新聞史の上では、李荘はよく書き、よく編集し、よく論評し、半生は夜勤をして人々のために尽くした。新聞作品から見ると、戦地の記者としての風格が目立つ。大学の新聞専攻の参考書とされている作品も、多くは火薬の香り、鮮血に満ちた戦地のレポートである。戦地の記者には永遠の格言がある。「もし戦争を止められないのであれば、戦争の真実を世界に伝えなくてはならない。」そして真実をよく観察するには、道は一つしかない。深く戦場に入ることである。

このレポートは、李荘が人民日報社の記者を率いて朝鮮に入り、近距離で戦争を観察したものである。これは苦難

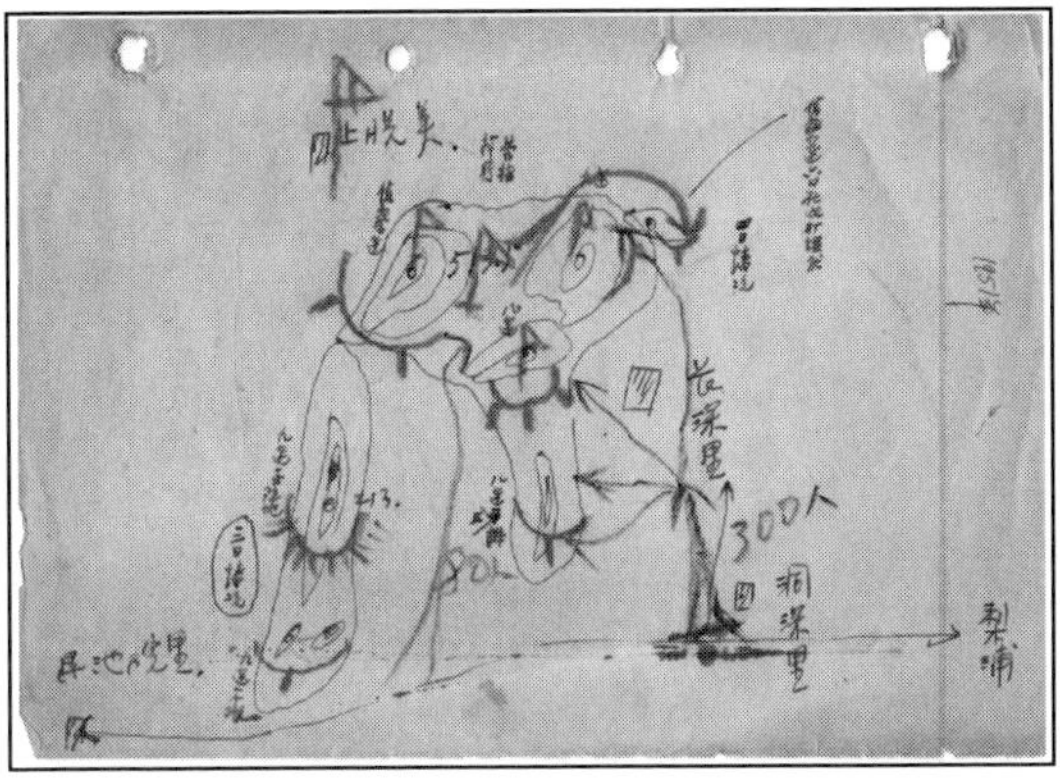

李荘が朝鮮戦争の戦場で手描きした作戦地図

に満ちた戦争であり、「我々はまったく簡易な武器で、武装してずらりと並んだ敵と戦っているかのようだ」。モーター音が聞こえ、過ぎていくと、遠く高い空から密集した黒い点が現れて、爆弾を落としていくのが日常である。近くに落ちれば、本能的に伏せる。これが朝鮮戦争での従軍記者の取材環境である。李荘はこうした環境のもとで、志願軍三十八軍一一二師団を取材し、戦争の中でも最も激烈な十日間の戦闘を記録した。

文章の初めに、何人かの尊敬すべき志願兵が登場するが、後の戦闘で、全員が犠牲となる。李荘は彼らのこの世界で最後の、偉大なポートレートを残している。部隊は人跡のない険しい山の中に入り、雪の夜を急ぎ行軍する。靴が破れれば、敷物を足に巻いて歩き、それも破れれば裸足のまま行く。中国人民志願兵の足の血が、点々と朝鮮の白い雪の上にまかれてゆく。砲弾のかけらが七班班長潘治中のひたいに当たった。鮮血が頬を伝ってきて、流れ流れて氷になった。こうした細やかな描写は鋭い観察によるものである。

戦地のレポートは多くは残酷な内容である。李荘の作品が人を感動させるのは、一つには硝煙、血、犠牲の中に、人のありのままの姿を捉えていることがある。望郷の念、ユーモアのあるやりとり、そしてちょっとした趣み。戦争の深い意味に関しても会話の中で分かりやすく表現されている。硝煙の中にも暖かく楽観的な雰囲気あり、忘れられないものとなっている。

17. 地に足をつけ、人民に寄り添う

田流

田流《でんりゅう》（一九一八～二〇〇〇）は、河北省完県の人、本名は張丙蔚。一九一八年、しだいに没落していく富農の家庭に生まれる。一九三三年、田流は河北省の有名な省立中学、保定中学に入学する。在学中に、積極的に同級生を組織して一二・九学生運動を支援し、保定市における北京学生運動支援の先鋒となった。一九三七年、盧溝橋事件が起こると、田流は八路軍について完県の人民を動かして抗日団体を組織、抗日先鋒隊を訓練した。

田流は抗日ののろしが上がる中、革命に参加する。下部組織の区長、区委員会書記として、常に深く人民の中に入り、調査研究するのが習慣となった。記者になってからも、こうした現実を深く掘り下げ、苦労しながら調査研究する良い作風を保ち、複雑な物事の問題解決の方法を鋭く見出すことができた。

一九四二年、河北聯合大学文学系を卒業した後、田流は晋察冀辺区文化界抗日連合会に配置される。新聞に詩歌やニュース、レポートを書き始めた。一九四五年の冬、田流は『晋察冀日報』の記者となった。一九四八年冬、『臨清綿値波動透視』を書いて、確かで細かい取材で臨清市での綿花の価格変動についてずばりと言い当てた。これは一部の国営商業と合作社が、一部の集団の利益のために綿花の価格を争って引き上げ、これによって市場に波乱が起きたものである。この記事がいったん発表されると、各方面から非常に重要視され、党中央に表彰された。新華社は『臨清事件』のタイトルで社説を発表した。東北地方が解放された後、田流は経済の領域でさらに深く取材を行い、立て続けに『生産建設的東北財政』『訪問東北銀行』などの報道をした。当時の東北の財政貿易金融の安定や工業経済の回復発展に無視できない効果を発揮した。

一九五〇年、田流は中国人民志願軍とともに朝鮮に入り、戦地記者となった。彼は多くの戦地のレポートを書いて『抗美援朝通訊報告選』の中に収録され、他の記者や作家とともに、英雄叙事詩のような『朝鮮通訊』系列のすばらしい輝きを作り上げた。一九五一年、朝鮮から帰国すると、東北での取材報道を続けた。長編レポート『金星奨章獲得者——任国棟』は『人民日報』の二つの版に掲載された。内容は豊富で生き生きとしていて、浙江省、河南省、雲南省などの委員会が幹部の学習資料とした。先進的な人物のモデルを報道する際、田流は事実を掘り下げ、人物の内面に深く入ることを重視した。例えば、任国棟本人は極めて口下手だったが、田流は彼に少なくとも二十日以上は密着して、心を尽くして取材観察し、結果として新聞に掲載された内容は、他のどの報道とも違っていた。田流は大慶油田に鉄人王進喜を取材し、帰る前に終業時間を見計らって王進喜に別れの挨拶をしに行ったところ、二人は握手をしたまま、またも夜中の十一時まで話し込んでしまった。

一九五四年以降、田流は指導的立場に上る。『人民日報』記者部主任、農村新聞編集部副主任、国内政治新聞編集

部副主任、国家計画委員会政治工作組組長、中共中央工業交通政治部弁公室副主任などの職を歴任する。「文革」が終わった後、田流は『人民日報』記者部で引き続き働いた。また、『報告文学』の編集長を担当し、積極的にルポルタージュ文学の発展を進めた。著書に『田流散文特写集』『生活在召喚』『我這様做記者』などがある。

田流の作品には、鮮明な特色と風格がある。例えば『田流散文特写集』にまとめられているように、彼の作品は一つには、生活の息吹が濃くたちこめている。賑やかでかつ繊細、穏やかでユーモラス、叙事的かつ人を飽きさせない、細かな描写させると絵のようである。二つ目には、人物を浮き彫りにすることに長けていた。彼は新しい生活を造り出す人を、創造性的な働き方を進める人たちを、細かく書き上げて、人々に啓発と自信と力を与えている。三つ目には、言葉で飾り立てることは重視しないが、真実であると信じられる。四つ目には、言葉にはある種の簡素な美しさがある。

『晋察冀日報』

『臨清綿値波動透視』について

一九四八年の終わり、綿の重要な産地である山東省臨清では、綿花が争って買われ、値段がつりあがる騒動が起こり、物価もつられて上昇した。この事件は、新中国成立前夜に、市場の秩序が混乱した状況を反映したものである。田流のこのレポートは、詳細な調査を通して、明晰な論理で鋭く、臨清の一部の国営商業と合作社が、小さな集団の利益のために争って綿花の価格を釣り上げた事を批判し、綿花の市場価格の乱高下を引き起こした誤った行為を非難している。臨清の綿花価格が乱高下した現象は、国家、市場、社会の間の新たな関係が確立しはじめたとき、境界意識が一般的に曖昧であったという事実を比較的鮮明に反映している。筆者はこの事実を認識、反省し、新たな人民政権がいかに国民経済の動向を把握すべきか、国営及び合作社の経済をどう発展させるかについて、積極的な啓発と建設的意見を持っている。このレポートは一度発表されると各方面から非常に重視され、党中央に表彰された。新華社は『臨清事件』の題で社説を発表した。

『山村一日』について

窯上溝は山西省武郷県の、とある山村に過ぎない。記者は、太行山の古くからの根拠地にあるこの一般的な村を、農村生産合作社の典型的な代表として、人々のために新制度の下での農村生活の新たな変化を描いた。記者は、農民たちのある日の生活を選び、人々が地形と水資源の欠乏という困難を努力して克服し、集団経済を大いに発展させ、心を合わせて自分たちの新しい故郷を建設する様子を描いた。科学的耕作試験を勤勉に行うことを通して、この地区の田畑の生産量は大幅に増加した。農民たちには日曜日があり、図書館があり、彼らがかつて考えたこともない幸せな生活を送った。言及に値するのは、記者の筆による農民は、純朴で愛すべき人たちで、男も女もともに働き冗談を言い、夫が妻のために洗濯をするという新たな形の夫婦関係、男女関係が形作られていた。この文章の主題は練られていて、素材の選択は申し分なく、会話は生き生きとして生活の息吹が濃く感じられ、農民に対する偽りのない気持が現れている。

18.「政治家が新聞を」

呉冷西

呉冷西《ごれいせい》（一九一九〜二〇〇二）、本名は呉仕占、広東省新会の人。新華社社長、広東省委員会書記、中央文献研究室副主任、広播電視部部長、中華全国新聞工作者協会名誉主席及び中国広播電視学会学会名誉会長などの職を務めた。

呉冷西は一九一九年生まれで、少年の頃に深く共産党運動の薫陶を受け、十八歳の時に延安に向かい、次の年中国共産党に加入する。一九三九年中共中央宣伝部に入り、編審科科員に任ぜられ、党中央期間刊行物『解放』の編集に参加する。この時期彼は国際情勢の変化に深く関心を示し、一連の国際問題評論を発表した。一九四〇年冬、呉冷西は毛沢東に指名され、身辺に異動となった。『時事叢書』を編集、三ヶ月に渡った。一九四一年九月、中共中央機関報『解放日報』に異動になり、国際部編集、編集主幹、主任などの職を務めた。『解放日報』で

『解放』

仕事をしている間、解放日報の改版作業にも参加、また国際問題を研究し、大量の国際時事評論を書いた。加えて多くのコラムを担当した。ここから長い報道生活が始まった。一九四六年、呉冷西は新華社国際部で責任者となった。一九四七年、新華社総社編集委員会秘書秘書に任ぜられ、総編集室で仕事をした。一九四九年十月、呉冷西は新華社総編集長に任ぜられ、一九五一年十二月新華社社長に任ぜられた。

一九五〇年代の半ば、呉冷西は党中央の指示に基づいて、新華社を世界的な通信社とすることに着手した。一九六五年には新華社の海外分社は五十一にまで増加し、百余りの国に新華社のニュース原稿を送った。

新華社で働く間、呉冷西はニュース作成に関する八つの要求を提議し、「練筆運動」（文を書く練習をする運動）を展開して、新華社報道の質の向上と、編集スタッフの仕事方法の改善を進めた。呉冷西はまた、新華社がすべての情報が集まるところとなるよう、社の基本的な方針を打ち出した。同時に、『内部参考』工作を強め、下の事情を上に伝える役割を果たすようにして、党中央と毛主席の重視と賞賛を集めた。

一九五七年、毛主席が呉冷西に人民日報で仕事をするよう指示した時、政治家が新聞を発行すること、また五つの恐れてはいけないことを要求した。「君が人民日報で仕事をするには十分な思想準備と、最もひどい状況に対する準備、五つのことを恐れない精神の準備が必要だ。五つのこととは、一つには免職を恐れない、二つには党からの除名も恐れない、三つには離婚を恐れない、四つには牢屋に入ることを恐れない、五つには死をも恐れない、この五つのことに恐れないという準備があってこそ、事実に基づいて事実を希求し、真理を守ることができる」

一九八七年から一九九七年の間、呉冷西は病にかかりながらも、近代史の中で重要で価値のある回顧録『懐毛主席――我親経歴的若干重大歴史事件片編』(新華出版社一九九五年版)及び数十万字からなる『十年論戦――中蘇関係回顧録』を書いた。『懐毛主席』は主に、一九五八年から五九年の「大躍進」の中で、呉冷西が聞いた毛主席の話を書いたもので、毛主席が彼だけに語った話も含まれている。

呉冷西は詳細な歴史的な回顧を通して、読者に毛沢東の「大躍進」中の基本的な考え方を見せ、後の人に分析と思考のための貴重な第一次資料を提供した。

一九九八年以降、呉冷西は中華全国新聞工作者協会名誉主席と中国広播電視学会名誉会長に任ぜられた。二〇〇二年六月十六日、北京で逝去する。享年八十三歳。

『評所謂〝達頼喇嘛的声明〟』について

一九五九年四月十九日夜、毛沢東は頤年堂(中南海の建物の一つ)で会議を招集、ダライ・ラマがチベット反乱に関して出した『声明』について討論した。その時会議に参加したのは、劉少奇、鄧小平、彭真、陳毅、楊尚昆、胡喬木、呉冷西だった。会議で毛沢東は、「昨日インドの政府関係者が、ダライ・ラマのチベット反乱に関する声明をばらまいた。我々はこの機会をとらえて、反撃を開始しなくてはならない」と言った。この評論はまさに当時の難しい政治状況、国内外の世論の圧力と毛沢東の指示のもとで発表された。

評論ははじめに、いわゆるダライ・ラマ声明は、理屈が通らず嘘八百で穴だらけの稚拙な文章であると明確に指摘している。続けて、事実を並べて声明に逐一反撃している。これは国内外の世論が注目する緊急事態の中、ダライ・ラマの正体と腹黒さを暴露して、当時チベット問題にかこつけて中国に反対しようとする分子の横っ面を鮮烈に張り倒すも同然であった。

19.『最可愛的人』を書いた

魏巍

魏巍《ぎぎ》（一九二〇～二〇〇八）、本名は魏鴻杰、紅楊樹というペンネームも使ったことがある。一九二〇年三月六日河南省鄭州に生まれる。二〇〇八年八月二十四日逝去、享年八十八歳。

一九三七年抗日戦争が始まると、魏巍は八路軍に参加、一九三八年延安に至る。四月に共産党に加入する。一九三八年十二月、魏巍は八路軍記者団のメンバーとして晋察冀辺区に来て、軍区政治部宣伝部編集科で事務を担当することになった。『抗敵副刊』（のちに『抗敵三日刊』と改名）を編集する。抗日戦争と解放戦争の期間、『抗敵副刊』『詩建設』『晋察冀日報』等の刊行物に、『黎明風景』『黄河行』『詩、遊撃去吧！』『塞北晩歌』等の詩を発表したので、戦地詩人とも呼ばれた。

一九五〇年朝鮮戦争が始まると、魏巍は中国人民解放軍総政治部により前線部隊の文化工作者として派遣され、朝鮮の前線に取材報道に駆けつけた。激烈で困難を極めた戦闘を身をもって知り、戦士たちの勇ましい戦果一つ一つに感動する。一九五一年二月、朝鮮の戦場から帰国するとすぐに『誰是最可愛的人』を書き上げた。『解放軍文芸』の編集長宋之は真っ先にこれを読んで感動し、すぐに『急いで人民日報に送れ！』と言った。『人民日報』総編集長鄧拓は、読むと特別に人民日報一面の社説の置かれる場所にこれを掲載した。聞くところによると、朱徳総司令は『誰是最可愛的人』を読んだ後、「よく書けている」と何回も叫んだ。毛沢東主席は読んだ後、全軍に配布するよう指示した。一九五八年第二陣の志願軍が帰国した際、魏巍は『送行泪洒遍朝鮮国土』を書いた。鄧拓の慧眼により『依依惜別的深情』と題を替えて、『人民日報』に発表されて、広く深い社会的な影響を生んだ。

当時全国で「魏巍熱」が湧き起こったが、魏巍は満足しなかった。彼は次のように言っている。「私はもともと詩を書くのが好きだ。抗戦の期間には、記事を書いたものの、それについてはあまり重きを置いてこなかった。今回帰ってきて、また先に別のものを書こうと思った。しかし偉大な闘争と偉大な戦士についてはすぐに書きあげることが必要だとも考えた。もし、あれやこれやと長く細かく突き詰めて、しまいにはあまりうまく書けなかったら、どうして兵士たちに申し開きができようか。それですぐにこのレポートを書き始めた。」彼はさらに「何編かレポートを書いたが、充分ではない。まだ多くの英雄的な人やその他の人たち書けていない人たちがいる。戦争の過程の中で、その意義は表現できていない。いくつか書いただけでは全く足りないのだ。」この後、魏巍は長編小説の創作にとりかかる。兵士、新聞記者から、次第に著名な作家に変身していき、戦争文学の素晴らしい作品を多く残した。

一九六五年ベトナム戦争がエスカレートすると、魏巍は取材に出向いた。全面的にアメリカに抵抗し、ベトナムを支援する『人民戦争花最紅』などのルポルタージュ作品を書いた。一九七八年魏巍は、朝鮮戦争について書いた長編小説『東方』を出版、初の茅盾文学賞を得た。丁玲は賞賛して、「『東方』は叙事詩的な小説である」「歴史が証明するだろう、一万年後、朝鮮戦争について知りたいと思う人はやはり『東方』を読むだろう」と言った。一九八七年に出版した『地球的紅飄帯』は長征という歴史的題材を扱い、歴史の中に詩があり、詩の中に歴史がある形式を模索した、優れたものである。一九九七年、魏巍はまた、抗日戦争と解放戦争を描いた長編小説『火鳳凰』を出版した。『東方』『地球的紅飄帯』『火鳳凰』は、革命戦争の三部曲を構成している、中国人民が日本軍に対抗し、祖国を解放し、世界平和を守る闘争の歴史を芸術としてまとめ、革命の歴史を題材とした得難い大作となった。

一九九七年以降も、魏巍は多くの詩、エッセイ、ルポルタージュなどを書き、するどく激情を込めた文章で自己の社会に対する見方を表現した。彼が七十五歳の誕生日に書いた自らを励ます詩のとおりであった。

魏巍の著作『誰是最可愛的人』

『誰是最可愛的人』について

『誰是最可愛的人』（最も尊敬できるのは誰か）が人民日報一九五一年四月十一日の一面に掲載された時の署名は「特約記者魏巍」だった。当時、志願軍を描いた文学作品は非常に多かったが、しかしこのレポートは最も人々から愛された。ひとたび発表されると雷のような喝采を得て、朝鮮戦争の報道作品の中で最も影響力のある名作と称えられた。

この作品の最大の特徴は、感動である。物語が人を感動させ、感情が人を感動させる。周恩来総理は「千百万の読者を感動させ、前線の戦士を鼓舞した」と賞賛した。魏巍本人は、次のように説明した。「『誰是最可愛的人』というタイトルは無理矢理ひねりだしたものではなく、心のそこから湧き上がってきた、感情のうねりの中で飛びだしてきたものだ。」「書いているときに、私は二十あまりの最も生々しい物語の中から、推敲を重ね、最後に三つの最も本質を表現できる典型的な話を選び出した。深く受けとめたものは、書き始めるとスムーズで、一気呵成に一日あまりで書き上げた。」「今この原稿を見返してみると、さらに明確になったことがある。現実の生活の中で深く受け止めることが、文を書くときに大変重要だということだ。受けとめたものが深ければ、書き上がったものも必然的におもしろさを増している。読んだ人が受けとめるものもまた深い。感じたものが浅ければ、人が受けるものもまた浅い。受け止めたものがまったくなければ、言うまでもないだろう。一言付け加えると、深く感動するという事は、深く取材するということと関係がある。兵士たちの取材でいえば、彼らと深く話をすれば、理解もさらに深くなる。彼らの気質、考え、感情が影響を与え、彼らの気持ちの中に深く入ることができる。つまり、受けとめたものが深くなるのだ。」

『誰是最可愛的人』は今でも教科書に収録されており、また様々な言語に翻訳されて国外で出版され、様々な世代の青年たちが読んで、よく知っているものである。

20. 前線の輝く星

華山

マルクスは、「戦争そのものは、通常の交流形式である」と言っている。それはまさに政治闘争の極端な形なのである。ナポレオン、毛沢東、アイゼンハワー、ド・ゴールなどの威風堂々たる軍事総帥を作り上げた。

人々はこうした軍事的天才の戦争物語には興味を持つが、次のような人たちについてはおろそかにする。彼らは硝煙が立ち込める戦場に身を置いて、降ってくる銃弾をかえりみず、命を惜しまない代償に、生々しい戦争の実情を多くの人々に伝えている。彼らとは戦地の記者である。われわれは彼らのことを忘れてはいけない、また彼らが残したこうした貴重な、偉大な時代を記録したよりすぐりの記事を忘れてはいけない。中国にはこうした著名な記者がたくさんいる。華山《かざん》（一九二〇～一九八五）は二十年以上戦争の砲火の中を走り回った戦地の記者の一人

新華日報

坂井大隊殲滅殆盡

桂南敵軍総退却

1940.11.31.

『新華日報』（華北版）

である。

華山の養父は軍人だった。そのため華山は幼い頃から軍隊生活に慣れていた。十二・九運動が起こった後、華山は積極的に抗日救国運動に参加、救国会を組織した。すぐに学校側は不法なことを企んだとして、彼を放校処分にした。しかしこれは、華山の意思を揺らがせるものではなかった。逆に、抗日救国運動に身を投じるという信念をより堅くしたのである。彼は中華民族解放先鋒隊に加入し、紅色宣伝員になろうという志を持った。

『冀熱遼日報』および『東北日報』で記者をしている間、華山は終始筆を武器とみなして苦労して執筆し、人口に膾炙し歴史的価値の高い、すばらしい作品を書いた。また『爸爸、我也要去打日本』を代表とする百枚あまりの木版画作品を創作した。その中で人民の抗日の熱い気持ちを書いた短編小説『鶏毛信』やルポルタージュ『窯洞陣地戦』『碉堡線上』『大戈壁之夜』『承徳撤退』等は無数の読者を感動させた。その中の『鶏毛信』はのちに漫画になり、また同名の映画にもなって、幾代もの青少年の心に刻み込まれた。

一人の優秀な記者として、華山は記事の題材を豊富に持っていた。これは、彼がメモを取る習慣を持っていたことに由来する。朝鮮戦争の前線で、彼は塹壕や坑道の中でしゃがんで膝をついて、自ら見聞したことを一つ一つ記録した。華山は観察に優れ、取材対象の話、特に底辺の人々の言葉を生き生きと鮮明に記録した。こうした華山にすれば、「豆腐売りの売上帳」のようなメモが、戦地の記事を書く際、「弾薬庫」の役目を果たす。その扉を開くと使い勝手の良い銃や砲弾が整理されて出てくる。創作の糸口や報道の材料を探すのに非常に便利である。

華山は、取材し記事を書くときに、新聞の真実性に非常に注意を払っている。「自分で取材したものでなければ、書く事はない。」真実の報道のため、深く部隊と兵士たちの中に入り、ともに作戦行動を行い、戦火に試されるのは日常茶飯事となっていた。穆青は華山を回想して、「遼瀋戦役の間、華山は先遣隊について大凌河を越え、攻錦会戦に参加、その後遼西に下り、巨流河を強行渡河して、廖耀湘の兵団を殲滅し、瀋陽に入った。もしこうしたことを実際に経験していなければ『踏破遼河千里雪』『英雄的十月』などの不朽のすばらしい作品は書けなかっただろう」と語った。

一九八五年、華山は肝臓がんが悪化、病が重くなっても、寸暇を惜しんで死神と競争するように、口述筆記で、意味深い『青青海羅杉』や自伝的作品『我当記者』を創作した。一九八五年九月この粘り強い戦地記者は、その手に握っていた鉛筆をようやく放した。彼の遺言により、遺灰の一部は彼がかつて戦った太行山下の清漳河に撒かれた。

『我們還要回来的』について

一九四六年八月、共産党軍が承徳から撤退、機動戦に転じようとするとき、『冀熱遼日報』特派記者の華山は、この史実を題材に、素早くこの有名なレポートを書いた。

戦争の記事は攻めるのは書きやすく、撤退については書きづらい。さらに難しいのは、記述の中で立場を堅持し長期的な視野を表現することである。また文章で読者の心に希望の炎をともし、雄々しい心を起こさせなくてはならない。しかしながら、華山はやり遂げた。彼の文章は「金属の振り子のように、軽々と読者の心の琴線に当たり、即座に共鳴を引き起こした」

文章の素材の選択は典型的かつ適切である。筆致は練られていて、感情の色彩があふれている。異なった側面から人々の軍に対する支持を描き、人心の向背を描くため、華山は「第一完小」女子生徒、鉄道員の娘の小白を選んだ。賢いこの子の言葉で、核心を表している。「わたし、知ってる！　これはあなたたち八路軍の計画でしょ、あなたたちはこの町、あの町と失っていって、国民党の軍隊を小さな塊に分けて、その後で一つ一つ潰していくんでしょう。そして全部取り戻すの。わたしは町にいて、国民党をやっつけて、と叫ぶの。あなたたちが戻ってくるのがわからなければ、叫ばなかった」文章は紙幅をさいて、人民の戦闘に対する勇壮な感情と自信を描いている。

撤退の報道は難題である。しかし華山は佳作を生み出した。もし感情すべてを傾注することがなければ、作者の筆はこんなにも影響力を得ることができただろうか。これはまさに華山とその時代の人々が、「紅色」記者と我々現代の新聞業界の人員に対して与えた重要な啓発である。

21.「勤勉」「迅速」な国際問題評論家

蒋元椿

蔣元椿《しょうげんちん》（一九二〇〜一九九六）は、浙江省紹興の人、優秀な国際問題評論家で記者である。福建省立農学院、中原民主建国大学新聞系で学ぶ。一九四〇年中国共産党に加入、一九四六年、華中軍区で新聞報道に従事する。一九四七年から一九五〇年にかけて、新華通訊社第三野戦軍総分社で編集と記者を担当する。一九五〇年、新華社総社での仕事に配属される。のちに国際部東方組に加入、西アジア地区の報道の仕事に従事する。一九五二年から一九五三年、朝鮮に派遣され、朝鮮停戦会談の報道を担当。朝鮮戦争が終結した後、新華社一九五四年ジュネーブ会議報道団に参加、大会の報道責任者の一人となる。一九五五年『人民日報』国際問題評論員となる。一九五七年、『論聖旨口』を発表、リーダーにイエスしか言わない現象を批判したことにより、右派とされた。一九七九年になって

ようやく名誉回復される。蒋元椿は改めて『人民日報』国際部で働くことになり、それは一九八五年に退職するまで続いた。蒋元椿の国際評論は高い見地で、観点がはっきりしていて、構成が厳密である。国際評論以外にもニュース、概要、随筆、レポートなど多くの文体を非常に軽々とこなしている。彼の散文『在東京聴国歌』には先輩革命家の、青年に対する熱い思いがあり、読者を心の奥底から感動させ、奮い立たせるものだ。

新聞人が蒋元椿に学ぶべき大きな特徴は、「勤勉」である。戦争時代、彼は兵士たちとともに困窮しながら、部隊について山東省、江蘇省、安徽省、河南省などを転戦した。夜の宿営地で他の人が寝てる時に、ラジオ局の原稿を書いていた。解放戦争の時期、蒋元椿はずっと日記をつけていた。一九四八年に日記の中の素材を利用して、散文集『沂蒙山』を書いた。忙しい仕事の中でも、ロシア語の自主学習を続け、新中国成立後、シモノフの『戦鬪着的中国』を翻訳した。朝鮮戦争の時期、彼は一刻を争い速いテンポで、国際問題の報道を行った。一九五三年六月から九月のわずか三ヶ月の間に、彼は「江南」のペンネームで四十あまりのニュース解説を書いた。一九七九年仕事に復帰すると、国際部の指導的な地位に戻った。還暦に近い歳になっても変わらず毎日十時間以上働いた。一九八四年、蒋元椿は随行記者団として胡耀邦総書記の日本訪問を取材、原稿を書くのに夜を日に継いで、毎日必ずレポートを一つ書いて、重要なニュースを漏らすことがなかった。このとき、彼はすでに六十四歳になっていた。

蒋元椿に新聞人として学ぶ価値がある、もう一つの大きな特徴は「速い」ということである。この特徴は、彼が朝鮮停戦交渉を報道するときに磨かれたものである。彼の書いた回想によれば、「周恩来首相の指示は呉冷西同志から私に伝えられた。だいたい夜八時か九時すぎだった。私は指示に従って原稿を書き、終わったときにはすでに夜中になっていた。呉冷西同志がチェックした後、総理に見てもらった。時間を節約するために原稿は常に清刷ではなく原稿を直接送っていた。周総理は原稿を直すのが非常に細かく、毛筆で丸をつけて、最後に署名をした。原稿が戻って

蒋元椿の著作『黄樨集』

くるのは夜中の三時か四時になっていた。」また別の同僚によれば、一九七九年の後、蒋元椿は還暦になっていたにもかかわらず毎朝八時には職場に着き、決まり通り新聞、文書、参考資料を読んだ。皆が出勤してくる頃、蒋元椿はすでに当日の国内外の重要なニュースを把握して、また当日の評論のタイトルも決めていた。さらには漫画の割り付けなど細かいところも考えていた。九時ごろには、蒋元椿は各地区の版の割り振りや原稿ごとの長短と提出時間を出していた。午後四時か五時にはいくつかの重要な原稿が彼の手元に送られてきたが、彼は退勤する前に、必ずその日の原稿をすべてチェックしていた。速くて敏捷な創作能力がなければこういったことはできない。

『中国人民絶対不怕任何戦争威脅』について

新、短、速、これは蒋元椿が新聞評論の創作に対して提議した三つの基本的要求であり、また国際時評を書く際のはっきりとしたスタイルである。蒋元椿によれば、思考の深さは時評の「新しさ」ひとつの現れである。アメリカの国務省が表明したことには二つの意味がある。一つには、国民党軍の大陳島からの撤退に、アメリカ軍が直接協力する。二つには、中共がもし台湾と澎湖を攻撃するのであれば、アメリカはこの地区の最終ラインを突破する。文中で蒋元椿は、本質を見抜き、この二つの意味がはらむ戦争の脅威の本質を指摘し、文章の思想の深さを増している。全文はおよそ一千字と、短い中にも内容が豊富で、観点は充分に論証されている。速さでいえば、この文章が発表されたのは声明が発表された三日後で、中国人民の真っ向から対立する反応を表現している。これは蒋元椿の典型的なスタイルで書かれた国際時評で、また後代の人々が学ぶべきすばらしい作品である。

『柏林印象』について

蒋元椿の国際時評は、疾風怒濤、痛快極まるという感を読者に与える。しかしこの文章はおだやかな雨のような、流れるような筆致でベルリンの印象を書いた記事であり、蒋元椿のまた別のスタイルを表している。ある地域の状況を書く記事には、二種類の効果のない文章がよく見られる。一つには研究レポート的な文章で、よく研究され、材料もそろって、真実を反映しているのに、読むと無味乾燥なもの。もう一つは、はかない印象を捕らえたような文章で、純粋に個人が見て感じたもののみで構成され、文は美しいものの、読み終えて何も残らないもの。しかしこの文章はすばらしいものである。文章は東ドイツとベルリンの政治、経済、文化生活を反映し、ブランデンブルク門の上の馬の像、アパートの前の国産車、庭の花などを細かく描写し、作者のゆったりとした記述で、読者にベルリンの様子を示している。これは現地レポートであると同時に、美しい散文である。

22．一代の軍事評論家

姚湊

中国の新聞記者の中で、軍事評論に優れている新聞評論家はあまり多くない。、姚溱はその中の極めて優れた人である。
姚溱《ようしん》（一九二一～一九六六）、一九二一年三月二十日、江蘇省南通県金沙鎮に生まれる。またの名を姚静。ペンネームは秦上校、丁静等がある。読書人の家に生まれ、小さな時から努力して勉強し、進歩が早かった。一九三八年春、日本が南通に侵攻すると、姚溱は南通中学をやめて家に戻った。進歩的青年に、救亡団体「友声社」の組織を呼びかけ、抗日宣伝活動を展開する。程なくして、中共江北特別委員会のもと、党の機関刊行物『大衆』週刊の編集に参加する。党の抗日民族統一戦線を宣伝する文を書く。同年、姚溱は中国共産党に加入する。一九四〇年の後半、姚溱は上海に行き、大同大学中文系で勉強することを隠れ蓑に党の地下工作に従事す

時代日報
慶賀中蘇友好同盟條約批准
蔣介石史大林互致賀電
加強團結建立民主政府
美軍傷亡人數
抗戰勝利
民國萬歲
梅龍鎮

『時代日報』

る。一九四二年、新四軍淮南抗日根拠地で、報道の仕事につく。その後新華社華中総分社に異動になり、編集部副主任となる。この時まだ二十三歳だったが、その政治水準、業務能力は、彼の年齢をはるかに超えていた。

一九四五年以降、姚溱は硝煙立ち込める戦場のほか、軍事評論の特殊な戦場を切り開き、戦果は輝かしかった。一九四五年、姚溱は中共中央上海局文化委員会で指導的な仕事に参加する。同時に、姚澄波の仮名で、雑誌『中国建設』の編集、『消息』三日刊の編集主幹をする。この後、また『文萃』週刊を担当、丁静、秦佐などのペンネームで軍事評論を書いた。一九四七年の初めから一九四八年の半ばごろまで、姚溱はまた秦上校、薩利根、馬里寧などのペンネームで、上海『時代日報』に数十もの『半週軍事述評』を続けて発表した。『時代日報』の創設者で総編集長の姜椿芳は後に回顧して言った。「（姚溱の）軍事評論がひとたび発表されると、突如広く読者や各方面から注目された。読者は新聞を友達の間で回し読み、あるいは論評の内容を話して回った」新聞はこのため非常によく売れ、秦上校のペンネームはそれにつれて人々のよく知るところとなった。多くの人がこの作者は学識の深い老軍事家に違いない、と思っていた。秦上校が年わずか二十七歳の姚溱であるとは知るよしもなかった。

同じ時期、姚溱は香港の刊行物に軍事レポートを書いて、中国共産党とその人民軍の影響を広めるのに積極的な作用を及ぼした。

一九四八年十月、姚溱は上海で国民党軍事委員会調査統計局の特務に逮捕され、酷刑を受けることになった。しかし屈服せず、危機を知らせるため建物から飛び降りて重傷を負い、提籃橋監獄医院に入れられる。のちに党組織が救援に力を尽くし、また父の姚味香が国民党上層部との関係を利用して、姚溱はようやく保釈され出獄した。

新中国の成立後、姚溱は中共中央華東局宣伝部副科長、中共上海市委員会宣伝部処長、副部長を務めた。一九五四年中央宣伝部に異動になり、国際宣伝処処長、副部長を歴任し、一九六二年、第三期全国人民代表大会常務委員会副秘書長を兼任する。このほか姚溱は雑誌『紅旗』の国際問題評論の特約執筆者、世界知識出版社の顧問と中国ラテンアメリカ友好協会副会長となった。国際宣伝工作を担う間、姚溱は多くの中共中央代表団と中国党政府代表団の顧問となった。党と国家の指導者について重要な国際会議や国際闘争に参加、また中国新聞工作者代表団を率いて、ラテンアメリカの国を訪問した。また党と政府の多くの重要文書の起草に参加し、新中国の対外宣伝工作に重要な貢献をした。

文革が始まってすぐに、姚溱は康生等より無実の罪を着せられ迫害される。一九六六年七月二十三日汚名を着せられたまま世を去った。四十五歳だった。一九七八年四月二十二日、中共中央宣伝部は追悼大会を開催、姚溱の名誉を回復した。一九八〇年、中共中央組織部は再度、姚溱の名誉を徹底的に回復、一切の中傷を否定し、姚溱は中国共産党の優秀な党員で、無産階級の忠実な戦士であると確認した。

『両個戦場　両種攻勢』について

この文はもともと、一九四七年『文萃』第二年一月九日第十四期に掲載され、署名は丁静であった。姚溱の軍事評論が読者から歓迎されたのは偶然ではない。一を聞いて十を知るように、この文章からわかるのはその評論が以下のような明らかな特徴を持ってるということだ。

その一、姚溱はマルクス主義軍事理論と毛沢東軍事思想を系統だって理解し、機敏に応用できた。軍事と政治、軍事と経済から戦争と民心、士気と武器装備の関係などの問題に正確に解答できた。またこれにより、将来の状況を観察、分析と予測は深く透徹しており、強固な足場に立っていた。

その二、各種の資料に広く目を通し、よく活用した。英国『エコノミスト』、ニューヨークのラジオ局、国民党中央社の発言の中の虚言を取り去り真実を残し、編集して真相を表すものに変え、戦局分析の有力な論拠となし、敵につけ込まれる隙はなかった。

その三に、客観的でバランスがとれた創作技法がある。姚溱は常に戦況の分析と中立な態度をとることから始め、国民党当局の策略、勝利を得ようとする画策を一つ一つ否定していくので、読者は、はっと悟って笑みをうかべるのだった。

23．時代を貫き、人民を忘れない

穆青

穆青《ぼくせい》（一九二一～二〇〇三）は現代中国の著名な記者である。本名は穆亜才、回族、祖籍は河南省周口、河南杞県大同中学で学び、進歩団体や学生運動に積極的に参加する。抗日戦争が起こると、十六歳の穆青は山西省臨汾に行き、八路軍学兵隊で学ぶ、後に賀龍の百二十師師部で宣伝工作を行う。一九三八年、『島国的吶喊』の発表をきっかけとして、六十年あまりの報道人生が始まった。この報道はすばらしく、穆青の独特の見方が表されている。捕虜となった日本軍兵士の日記と家への手紙を題材に、日本軍兵士の厭戦と望郷の思いを明るみに出し、人民の、抗戦に必ず勝つという信念を鼓舞した。一九三五年五月、穆青は中国共産党に加入した。一九四三年八月、『雁翎隊』を発表、白洋淀人民の英雄的物語を反映した作品で、解放後には中学の教科書に採用された。

穆青は模範的人物を描くのがうまいことで知られている。彼と張鉄夫が共作した初めての模範的人物の記事は、一九四二年九月延安『解放日報』に掲載された『趙占魁同志』などの一連の報道である。この後、延安農具廠労働英雄模範趙占魁に学ぶ運動が、まず陝甘寧辺区で起こり、続いて敵の後方の根拠地で広まり、さらに各解放区で拡大して、七年に及んだ。この学習運動は、敵の物質的封鎖の突破、工業生産の促進、人民革命戦争への支持を推し進める作用を及ぼした。

穆青と馮健、周原がともに書いた長編レポート『県委書記的榜様――焦裕禄』が、穆青の書いた最も影響力のある模範人物であり、一九六六年二月七日、『人民日報』に発表された。すぐに大きな反響を呼び、今に到るまで焦裕禄の精神は広く幹部や人民に影響を与え、社会の貴重な精神的財産となっている。穆青が焦裕禄のイメージを造り出したことは、その記者生活の中で最も重要な成果の一つであり、中国の新聞史上、最も重要な位置を占める。

穆青は政治性に敏感で、党の原則を強くもっていた。一九七五年十月、彼と朱穆之、李琴は連名で毛主席に手紙を書き、江青が大寨で行った演説の重大な問題点を知らせた。その結果、三人は停職になり、あちこちの集会で批判された。これが新華社の有名な「朱穆李事件」である。一九七八年三月十四日、穆青と陸拂為、托寥由浜が共同で書いた『為了周総理的嘱托』は新華社から配信された。記事は山西省聞喜県の綿花を植える模範労働者、呉吉昌の口を借りて、中国報道メディアが公に文革を否定した最初の声となった。穆青はかつて語った。「私はいつも考えていた。もし労働者がみな趙占魁のようだったら、幹部が焦裕禄のようだったら、農民が呉吉昌のようだったら、我々の革命と建設にどんなに大きな力となったか、国家はどれほど大きな成果を上げたか。」

解放後、穆青は一介の記者から指導的立場にあがった。新華社農村組組長、新華社上海分社社長を務めた。一九七七年十月、新華社総編集長を兼任、一九八二年、新華社社長兼党組書記となった。同じ年、中共第十二期中央

穆青の著作『工人的旗幟』

委員に当選した。一九九三年退職後した後も、積極的にさまざまな報道活動に関わり、第五期、六期中国新聞工作者協会名誉主席に選ばれた。

二〇〇三年、十月十一日、北京で亡くなる。享年八十二歳。人々は彼の名言「人民を忘れるなかれ」を永遠に記憶するだろう。

『県委書記的榜様──焦裕禄』について

焦裕禄といえば、人々はすぐに穆青を、また穆青といえば焦裕禄を思い起こすだろう。筆者と記事の主役は、並び称され、ともに輝き、社会から認められた。こうした現象は中国の近代新聞史上、おそらく他にはないだろう。

党の新聞宣伝工作ではもともと模範的人物の報道を非常に重視してきた。我々のメディアでは、かつて多くの模範人物の報道がなされた。しかし、大多数は時の流れとともに人々から忘れられている。真に後の世に伝えられることは非常に少ない。我々が感嘆する、この焦裕禄という模範人物に今でも新鮮で親しみを覚えると同時に、穆青には我々が敬服せざるを得ない、時代を見通す力があった。この時代を見通す力は、記者のなかでも非常に珍しいものだ。穆青は次のように語ったことがある。「我々は単純に時代の英雄を褒め称えるだけでは満足できない。その人物を通して、我々の英雄的時代を映し出さなくてはいけない。よく知られた言葉で言えば、十分に時代の精神を映し出す必要がある。歴史の荒波の中で、鋭敏に模範の意味する真実を捕まえるばかりでなく、同時に人物を大きな時代の舞台に押し上げることを記者に要求する。人物を育て誕生させる、時代と社会の本質を見つけることが必要である。こうして、我々の新聞報道が英雄的人物の模範的イメージを打ち出すほか、時代の精神の大きなこだまを反映させることができるのだ。」(『穆青散文選、後記」参照)模範的人物の時代精神が深ければ深いほど、その思想が広いほど、人物によって時代を見通す力はより強くなり、人物の影響力はさらに大きくなる。焦裕禄はまさにその典型的な人物である。そのため亡くなって久しい今日でも、影響があるのだ。

この啓発により今日我々が創る模範人物の報道熱を大きくかきたてることができ、それがこの偉大な時代に恥じないものであることを願う。

24. 文武両道の戦地記者

闇吾

閻吾《えんご》（一九二二〜一九九六）は山東省栄成の人、有名な戦地記者。七歳で学校に入り、十五歳の時、盧溝橋事件で家に戻る。その年の冬、中共栄成県委員会の指導した『河山話劇社』に参加、文芸活動を通して抗日救亡活動に従事する。一九三八年二月、八路軍に参加、山東省の敵の後方にある戦場や日本軍への作戦を転戦する。次の年、膠東軍校と魯南抗大学で学ぶ。一九四〇年秋、戦闘中に負傷し、山東縦隊[1]宣伝部で仕事をする。一九四二年山東省教育処編審科に異動になり、省文芸家協会編集部で編集者となる。一九四五年から一九四六年にかけて、『山東教育』の中心となり、『山東教育』に心血を注いだ。一九四六年閻吾は『大衆日報』に『沂中小学民弁的方法』を発表、老解放区沂中の小学校が一九四三年から始めた民営による教育を紹介した。これは、老解放区の人民教育につい

閻吾の著作『英雄画巻』

て行った最も良い宣伝の一つだった。

一九四六年に解放戦争が始まると、閻吾は正式に新華社第三野戦総分社で前線記者として配属され、軍事記者としての生涯を始めた。一九五〇年朝鮮戦争に赴き、戦地で取材を行った。志願軍総分社前線記者、志願軍総分社記者組組長を務めた。一九五四年に帰国、新華社軍事組組長となった。一九五五年から一九五八年にかけて、中央高級党校で学ぶ。卒業後、福建の前線で取材を行い、新華社海防前線分社社長となる。一九六二年の中印国境紛争、一九七九年の中越戦争の中では大量のニュースや戦地レポートを取材し書いた。一九八三年、新華社解放軍総分社第一副社長兼党委員会書記だった閻吾は退職し、副軍職待遇を得る。後に新華社新聞研究所諮詢（諮問）委員、研究員、中国人民解放軍南京政治学校軍事採訪課兼職教授として招かれた。

『武記者』多くの新聞人は彼をこう呼ぶことを好む。中国軍の報道史上、閻吾は戦闘に参加した回数が最も多い軍事記者である。宿北、魯南、泰安、沙土集、開封、睢杞、済南、淮海、渡江、舟山群島解放などの戦役に参加した。新中国が成立した後、閻吾は朝鮮戦争、一江山島解放、金門砲戦、中印国境紛争、中越戦争などの報道をした。戦地の取材の中では、彼は記者であり、また政治工作員だった。軍事指揮機関に、作戦や部隊編成の方面について意見を提出することができた。一九五一年、朝鮮戦争のある陣地を取材中、負傷した指揮員に替わって主体的に戦闘の指揮を取り、戦後軍功章を得たばかりでなく、部隊の多くの指揮員から親しみをこめて武記者と呼ばれるようになった。『情景記者』は新聞界が閻吾に送ったもう一つの呼び名である。こうした呼び名は、彼が情景の報道をするのが非常にうまかったことと無縁ではない。感情を書くとき、彼は「気持ちが高ぶって時代の最も強い音で満たされる。」光景を書くときは、「ニュースの本質の特徴をつかみ、確実で有力な話を、強烈な臨場感を持って、読者がそこにいてみてきたように感じさせる」「線描やスケッチのような手法で、簡潔に戦場の情景を描き出した。」一九四六年から半世紀以上、『強渡長江情景』『飲馬長江』『解放一江山島』『一江山島後巡礼』『踏平怒海万頃浪』『鉄証如山』『戦後諒山』等三百余りの、人口に膾炙する情景報道を書いた。

閻吾は銃を担いで馬に乗り、戦場を駆け回り、勇敢に敵を殺して死を冒して取材する武記者であるばかりでなく、同時に情感と場景を描写することに優れ、才能あふれる情景記者でもある。文武両道の閻吾である。

『強渡長江情景』について

これは報道の教科書によく出てくる、閻吾の典型的なスタイルが現れた「情景報道」である。文は自ら体験した者として、中国軍が川を渡る時の気勢が盛大な作戦場景を描いている。炸裂する砲火、飛ぶように進む船、光る川面、銃声と戦いの声……わずか五百字あまりでこうした場景がありありと目にうかび、読み終えた人は、見てきたように心が沸き立ち、闘志が高揚する。本編は解放軍の長江渡河作戦を描いた毛沢東の『人民解放軍百万大軍横渡長江』の姉妹編と賞賛され、同工「同曲」の趣きがある。

『是可忍、孰不可忍』について

これは、かつて多くの熱血男児が中越戦争の戦場に駆けつけ、時代に深く印を残した報道の傑作である。全文に、多くの事実と生々しい実例で、恩義を忘れたベトナムの残忍さ、中国が我慢の限界を超えて反撃する正義が厳然として存在することを論証している。本文は多くの人との共作であるが、閻吾の「情景報道」の特徴がこの文の基調を成している。具体的で細かな、輪郭を描く手法で、場景を描き出している。恩人である中国に対する、ベトナムの様々な人道にもとるやり方を見て、憤懣やるかたなく、血が騒ぐ。この八千文字あまりのレポートは、言葉が洗練されており、論理が厳密で、一気呵成に書かれている。

（1）縦隊：解放戦争時期における中国人民解放軍の編成単位。

25. レンズと熱血で歴史を記録した

斉観山

斉観山《さいかんざん》（一九二五〜一九六九）は河北省平山県に生まれる。十六歳の時、晋察冀軍区政治部撮影訓練班で学ぶ。

一九四一年八月、日本軍は冀東に進攻、この一帯に多くの軍事拠点をつくり、大軍をおいて、長城のそばの住民を鉄条網の中にいれ、およそ長さ三五〇キロあまり、幅およそ四十キロの無人区をつくった。

一九四二年、斉観山は無人区を取材するという大きな任務を担った。『晋察冀画報』の戦地での記者として、斉観山はひとりで無人区に入り、近距離で兵士たちと接触した。斉観山の仕事は危険に満ちていた。一度日本兵に遭遇したが、ある農民が彼の服を脱がせて布団の中に入れ、重病人を装わせ、また庭に人糞をまいた。日本兵はコレラを恐れて細かく探さず、切り抜けることができた。一九四四年、斉観山は軍について再度無人区を取材し、多くの抗日軍民の戦闘生活の写真を撮った。

残念なことに、写真は現在ほとんど残っていない。『戦闘在冀東古長城一帯的八路軍戦士靠喫炒米、野菜堅持抗日戦争』と『冀熱遼抗日根拠地的地方幹部冒険在日寇制造的「無人区」堅持工作』は今日に到るまで、中国照片檔案館にわずかに残された、無人区を撮影した二枚の写真である。

解放戦争の期間、斉観山は『東北画報』の首席記者として東北地区のほとんどの重要な戦役に参加した。

一九四七年六月、斉観山は若い記者王純徳と、東北民主聯軍の前衛団について、四平市を訪問した。当時、国民党軍は封鎖線上に多くの地雷を埋設し、ひとたび地雷が爆発すると機関銃で掃射してくる状況だった。王純徳の安全のため、斉観山は前を歩き、王純徳に彼の歩いたとおり歩くように言った。しかし王純徳は焦って地雷につまずき、地雷が爆発した。斉観山は振り返ると大声で「伏せろ！伏せろ！」と叫んだ。この時国民党軍の機関銃が一斉掃射をはじめ、王純徳はあわてて地面に伏せた。二、三分後、斉観山はまた王に向かって、「走れ！」と叫んで、彼を連れて一気に封鎖線を走り抜けた。封鎖線を過ぎて見てみると、斉観山の背嚢には十数の銃弾の跡があった。これは非常に激烈な戦闘の中で、斉観山が命をかけカメラで記録した、中国人民解放闘争の過程である。斉観山は『破壊中長路』『義県巷戦』などの写真は軍事撮影のすばらしい作品となった。

新中国成立後、斉観山は中央人民政府新聞総署新聞撮影局記者室副主任、主任を務めた。一九五〇年、斉観山は中南海で指導者の写真を撮り始めた。この頃彼の撮影技術はすでに充分熟練しており、重大な事件の典型的な瞬間をとらえることに成功した。『宋慶齢接受斯大林国際和平奨』はその典型である。

一九五一年九月十八日夜、国際平和を強めるスターリン国際賞授与式が中南海懐仁堂で挙行された。ピカソの平和の鳩の大きな図案の下で、ソ連の有名な作家イリヤ・エレンブルグは宋慶齢に賞を授与した。宋慶齢はうなずき微笑んで彼の手にある金のメダルの箱を受け取った。斉観山はシャッターを押し、その一瞬を記録した。

すべての過程で、斉観山は一枚しか写真を撮らなかったが、彼の最も代表的な作品の一つとなった。写真が発表された後、編集者の黎航が彼に何枚撮ったのかと聞いた。斉観山は「これ一枚だ」と答えた。芸術性の高い人のなんと大胆なことか。これ以降「これ一枚」が広まった。

一九五二年、斉観山は新華通訊社撮影部中央記者組組長に任命され、中央の指導者の公務を撮影した。一九六九年、斉観山は病で死去した。

『毛主席在第一次全国人民代表大会上投票』（1954 年）

『毛主席在第一次全国人民代表大会上投票』について

人は斉観山を、「大事にあたって心静かである」と称えた。毛沢東が全国人民代表大会で投票する様子を写したこの写真が良い例である。一九五四年九月十五日、新中国の第一期全国人民代表大会が開かれ、毛沢東が中華人民共和国の主席に当選した。会議はまた『中華人民共和国憲法』も制定、発行した。毛沢東が憲法の表決に投票する際、斉観山は毛沢東が票をもって投票箱に入れようとし、まだ手を放す前の一瞬、シャッターを押した。

一九五〇年から、技術も政治的にも熟練した斉観山は中南海に入り、中央の指導者のニュース撮影に当たった。この環境と指導者たちの習慣を熟知していたので急いで位置をとることもなかった。綿密な観察と理解で、彼は冷静沈着にニュースの最も重要な時間に現れ、人を驚嘆させる効果を引き出した。

『闘地主』について

一九五〇年、北京郊外の土地改革が終わり、深溝村の農民が闘争大会で地主を告発している。『闘地主』はこの場面を写したものである。

『闘地主』（1950 年）

写真の構図はよく研究されていて、人物の表情、態度がよく捕らえられている。画面の半分近くは頭をたれて物言わぬ地主、搾取して生き、苦労せず太ったイメージがよく現れている。その後ろにはやせた農民が、憤って地主の搾取を告発する様子を正面から捕らえている。打倒される地主はきちんとした身なりで、しかし頭をたれて手を袖にいれている。言葉に詰まり、表情は暗い。立ち上がった農民は、破れた服を着て腰が曲がっているが、目はらんらんとして意気盛んである。強烈な対比の中、斉観山の地主への憎しみと農民への深い同情が表現されている。

大胆な構図が人の目を引きつける。鮮明な愛憎が見るものの心を感化する。こうして一瞬が人々の記憶に永遠に残っていく。

26. 来世があるなら、また記者となる

范敬宜

范敬宜《はんけいぎ》（一九三一～二〇一〇）は北宋の名臣、范仲淹の二十八代の子孫である。一九三一年、蘇州に生まれる。天命を知ってのち、北京で事業を興す。一九八六年春経済日報、一九九三年秋人民日報で奉職、二〇〇二年清華大学で教鞭をとる。

　范敬宜は読書人の家に生まれたが、不遇を耐える準備はあり、先祖の屈しない気質は消えることなく報国の志を持っていた。はじめに無錫国学専修学校に入学、上海聖ヨハネ大学を卒業した。朝鮮戦争の時期には、北へ向かい、川を渡る事ができる前に、新聞界に身を置いた。若くて気が短く、才気があふれている時に右派とされ、二十年を無駄に過ごした。

　党の十一期三中全会の後、暗雲が去った。范敬宜は農村の報道からはじめ、時間を争って働いた。その後、遼寧日報農村部の副主任、主任、

人民日报
RENMIN RIBAO

把有生之年献给边疆建设事业

按照我国特点调整发展农机工业

继续贯彻三中全会精神解决前进中问题

上海制线织带行业积极慎重进行调整

『人民日報』

副編集長となった。中国外文出版発行事務局局長、経済日報総編集長に任じられた。経済日報で職について七年、精力を傾けて働き、同僚を団結させ、改革刷新を行い、『三貼近』『四意識』など、新聞改革の構想を提議、思想が活性化した、頭の回転のはやい集団を作り、経済日報を新しく、輝かしいものとした。その後人民日報の総編集長として五年働いた。理論政策を集めることを基本として、人民の期待を頼りとし、世界の友人の心を引き寄せ、国と庶民の気持ちを書いた。廟堂はその高きを恐れず、江湖はその遠きを辞さず。広い天地を形の中に概括し、万物を筆の先にまとめる。

古希になって、清華大学の新聞伝播学院の院長となる。教員と学生を集め一致協力し、八年大学を運営し、成果は素晴らしかった。素質を基本に実践を用い、主流に向かって、名手を育成した。マルクス・レーニン主義を論じ、報道を語り、文化を論じ、実際を求めた。古今の事項に精通、国内外を知り、世界の潮流を追い、中華の基礎を深く植えた。

范敬宜の家伝の学問は奥深く、多芸多才で書も画も学び、詩詞を書いた。書法は、外祖父の蔡雲笙の薫陶を受けた。蘇州「五百梅花草堂」の蔡公は書をよくし、黄庭堅を手本に、外孫に漢張猛龍碑を骨格として、顔真卿の多宝塔碑を肉として学ばせ、後に、右軍蘭亭で洒脱さを学ばせた。十三歳で上海に画家樊伯炎を訪ね中国山水画を学んだときは、特に石濤上人（清代の画家）を敬慕した。無錫国学専修学校で学んでいるとき、書画のコンテストに参加、一位となった。名画家、王個簃は論評して、「筆は力強く、廉夫（清代末期江南の大画家、陸廉夫）の少年の頃の作に似ている、将来画人の席を奪うだろう」と言った。

范敬宜は母の薫陶を受け、幼い頃から庚詩詞を愛した。無錫国学専修学校に入学していたが、名詩画家、陳小翠と顧佛影の教えを受けた。范敬宜の母、蔡佩秋は元の名を希文といったが、嫁いだ後、諱を避けるために改名した。『離騒』から取ったものである。呉中の名門の出で、章太炎、呉梅、龍楡生に学んだ。詩を良くし、音楽にも長けていたが、不幸な運命で中年になるまえに騒乱で夫をなくす。独立して自らを強くし、子を教育し、人となりに重きを置いた。清貧高潔、一生をかけて、人を助けた。一九八四年范敬宜が北京に異動になったとき、母は喜ばず、「地位が高くなれば、落ちたときもつらい、この辺にしておきなさい」という内容を教養あふれる文語文で書き送った。

范敬宜は温和で激しいところは少なかった。幼くして父を失い、祖母、おば、母のそばで育てられたからだろう。祖父端信は十八歳で挙人となり、呉中の名士で、交友が広く信義を重んじ、范仲淹の残した義田を経営して人に仕えることがなかった。思想は開明的で世界の潮流が共和制に向かうのを予見して、子女に西洋の教育を受けさせた。父の承達は鄒韜奮と同窓で南洋公学、上海交通大学を卒業したが、父をなくしてフランスに留学ができず、盧溝橋事件で家を挙げて避難し、病気もあって四十で亡くなった。おばの承俊、承杰はどちらも庚子賠償奨学金を得てアメリカで医学を学び、帰国後はそれぞれ臨床と教育で半世紀、医学に献身し、結婚を顧みなかった。医学と教育をおろそかにせず、甥に与えた影響は大きかった。

范敬宜は新聞事業にあたって、祖国を愛し、風情を解し知勇もあり、人の書かないこと、人の書けないことを書いた。新聞教育にあたっては、倦むことなく教え、教え子は素晴らしく、続々と社会に参入していく。詩書画は余事と謙遜し、西洋の学問も受け、「四絶」を味わい、世の中が重んじる。報道では高所から全体を見て、少しの言葉から大義を知り、絵画をよくし、揮毫しては書家の席を奪う。「来世があるなら、また記者となりたい」との言葉を残している。

『分清主流与支流　莫把〝開頭〟当〝過頭〟』について

この文章は、三十年の改革開放の歴史の中で、鮮明な記憶を残す作品である。混乱をしずめ、農村経済体制改革を推し進めるのに、重要な働きをした。社会改革に積極的に関与する者として、時代を先取りする「鼓手」として、范敬宜はこの時代に、はっきりとした太鼓の音を残した。

范敬宜のこの文章は、党の第十一期三中全会を伝える最初の文章というわけではなく、また最後の文章というわけでもない。人々の考え方がはっきりとせず、党幹部の思想が揺らいで、主なメディアの姿勢があいまいな時期に、「追い出し太鼓」の役目を果たした。民衆の心に共感を生みだし、『人民日報』に転載されて、『莫把〝開頭〟当〝過頭〟』のもたらした影響は、遼寧省の域をはるかに超えて、全国に大きな反響を呼び起こした。このようにして、非難はすぐに収まり、また党の第十一期三中全会の方針と政策を支持する人は意気盛んとなった。多くの地方で、この文章を幹部と人民の思想工作に使用し、正確な見方で当面の状況と問題点を認識するよう説いて、思想解放と混乱の沈静化に役立てた。

范敬宜の著作『敬宜筆記』

『〝方向〟辯』について

范敬宜は、多くの人が感じていた疑問に、「雪だるま式」のやりかたで、レベルごとに一つ一つ関連づけて解答した。まず「どのような方向で」という疑問からはじめ、「いわゆる方向とは、辞書で見ると、基準という意味である」といった。ここから類推し、「社会主義の方向」とはすなわち、「社会主義という目標を達成するには、守らなければならない基準と道筋がある。」では「何を持って社会主義というか」。「社会主義には二つの基準がある」「一つは生産資源の公有制、もう一つは労働に応じた分配である」この二つを守れば、社会主義を堅持することができる。我々が今日実施しようとしている〝農業生産責任制〟はこの二つに完全に合致している。「生産資源の公有制を堅持する前提で、労働による分配を効果的に実施するのは、集団経済を強固にし、社会主義農業生産を発展させるものである」従って、〝農業生産責任制〟は社会主義の方向に合致する。

一つ目の、水も漏らさぬ論証を行った後、范敬宜は二つ目の段階に入る。「社会主義の目的とはなにか」である。「社会主義は空虚でつかみ所のない概念ではなく、具体的な内容を持っている。すなわち、人民の日増しに大きくなっていく物質的文化的生活への需要を、最大限満足させることである。平たく言えば、人民が豊かで文面的で幸福な生活を送ることができるようにすることである。」事実からわかるとおり、ここ二年、〝生産責任制〟を実施することにより、「集団経済の優越性を発揮し、成員たちの積極性をひきだし、産出量、収穫量が増え、集団と個人が豊かになり、社会主義の道路も広がってきた。」「もしこれが社会主義の方向に合致しないというのなら、貧しくて食料は国からの買い戻しに頼り、生産は借金に頼り、生活は救済にたよるのが、最も社会主義の方向に合っているとでもいうのか。」「もし社会主義の方向がこうした人民の利益と全く相容れないものであるなら、堅持する必要があるだろうか。」

本来、自明の理なのに、どうして多くの人がこの問題で迷うのだろうか。ここで范敬宜は三つ目の段階に入る。人によっては「偽りの社会主義」「貧しい社会主義」理論の影響を受けている。こうした人たちにとって、社会主義とはすなわち、「資本主義復活を防ぐこと」であり、「方向さえ正しければ、収穫がなくともかまわない」のである。「資本主義」の冠は誰もが恐れるものだ。「どれほど多くの幹部がこの罪名で担ぎ出され、頭をたれ、腰を折り、街中を歩かされただろうか。ひどいときには一家がばらばらになり肉親を失った。条件反射で動悸がしない者はない。」

結論は、〝生産責任制〟を強化、完成させることは、「思想上、理論上、徹底して混乱をしずめ、だまされた同志を偽りの社会主義、貧しい社会主義の霧の中から助け出す必要がある。もしこれが社会主義に反する行為だと言われれば、我々の答えは明確だ。一つの間違いもない。あなた方の言う社会主義の方向については、我々はとっくによく存じ上げている。」

論述の過程は、完全に論理的に導き出されているが、平易で理解しやすく、范敬宜の思考が理路整然としており、一貫して分かりやすいスタイルを取っていることを示している。

27. 報道の高い山に登った

郭超人

郭超人《かくちょうじん》（一九三四〜二〇〇〇）は、湖北省武穴の人。一九五六年北京大学中文系を卒業。高級記者、新華通信社社長、党組書記。中共第十三期、十四期、十五期中央委員会委員。第九期亜州及太平洋地区通訊社組織主席。かつて中華全国新聞工作者協会副主席、全国新聞専業高級職称評審委員会主任、中国新聞学院院長を務める。

新中国で養成された、系統立った新聞教育を受けた初めての世代の大学生として、郭超人は卒業にあたって、最も困難な地方から自分の記者生活を始めることを希望した。一九五六年から一九八三年まで、彼は新華社チベット分社で記者として十四年、陝西省の記者として八年。四川分社の記者として五年を過ごした。郭超人は「歴史は寛大に、私に機会をくれた」と、何度も語った。新聞記者として、始めに、郭超人はチベット蜂起、民主改革、自治区の成立を目撃した。中国登山隊がチョモランマ峰とシシャバンマ峰に登るのについて行った。軍について中印国境紛争を経験した。多くの重大な歴史的事件に出会った幸運で勇敢な体験者、忠実で正確な記録者となった。この期間に書いたニュース、ルポルタージュ、評論は、『血泪的控訴』『拉薩的春雷』『罪責難逃』『紅旗挿上珠穆朗瑪峰』等々があり、三十歳の郭超人は中国の名記者の列に身を置くことになった。

郭超人は一九七〇年、陝西分社に異動になった。当時は文革の複雑な政治環境にあり、引き続き新聞記者として高みに登るため、ひたすら黄土高原を歩いて大量の調査研究をして詳細で確実なデータを得て、長編の内部参考『安康調査』を通して「農業は大寨に学べ」運動の形式主義と極左傾向を批判した。一九七四年国慶節の期間には、『馴水期』という長編レポートで、新中国二十五年の水利事業の成果を示した。

一九七八年夏、郭超人は四川分社に異動になった。彼は四川省双流県で「農村階級闘争状況調査」を行い、『掃除唯心的階級估量』の取材を開始した時、党の十一期三中全会はまた召集される前で、彼は鋭敏な政治嗅覚と新聞記者の勇気で、文中で明確に階級闘争を大綱とすることに疑問を呈した。唯心論的に階級を量ることを一掃することを表題と結論にした。

改革開放の新時期、郭超人は続けて、『四川涪陵山区調査』『成都手工業調査』等一連の報道を続けて発表した。農村と都市の急速な変化に、証拠と助力を提供した。郭超人は、穆青、陸拂為と協力して、彼の書いた『歴史的審判』を通して、「実践こそ真理を検証する唯一の基準である」という考えを武器に、新時代の高みに立って十年の動乱の歴史を思う存分審判した。

生と死、血と火、光と暗闇が交差する体験のなかで、郭超人は新聞記者が持つべき鋭敏さ、勇気、強靱さ、品行、責任感を鍛えた。彼は、「記者の筆の下には多くの財産があり、毀誉褒貶があり、理非曲直があり、人命に関わるこ

郭超人の著作『紅旗挿上珠穆朗瑪峰』

とがある」と語っている。

郭超人は一九八三年、新華社の指導的地位に立ったあと、さらに大きくさらに強い世界的な通信社とするため、精力を傾けた。社長となってからは、主体的な業務を切り開く基礎の上に、『新華毎日電訊』、新華ネット、音声画像センター等多層的で先進的な新聞情報環境を創建した。二〇〇六年、郭超人は新華社社長在職中に逝去した。主な報道と理論研究に、『向頂峰冲刺』『西蔵十年間』『馴水期』『時代的回声』『郭超人作品選』『非州筆記』『喉舌論』『関与記者』などの書がある。合計二一六〇万字あまりである。

『世界最高峰上的日記』について

作者の『登上地球之巓』は報道の名作として何度も転載され、中学の「語文」の教科書にも掲載されている。この『世界最高峰上的日記』は、作者が中国登山隊初のチョモランマ登頂を取材するために準備した資料、実際の現場の描写、生物が生きていけない場所で生理的心理的に感じたこと、そして作者の広い知識、強い意志とロマンチシズムを読者に感じさせ、優秀な記者がしなくてはならない準備、優秀な報道の由来を読者は知ることとなる。

後記

『中国紅色記者』は、新聞出版総署が編集出版した中国共産党設立九十周年重点図書の一つである。

この本の編集出版を行うため、新聞出版総署は署長の柳斌傑を主任とし、副署長李東東を副主任とした編集委員会を立ち上げた。編集委員会は、中国社会科学院、北京大学、清華大学、中国人民大学など、権威ある新聞研究、教育機関及び新聞出版総署弁公庁、新聞報刊司、出版管理司、中国新聞出版報社、人民出版社と国家出版基金弁公室の関係者から成る。また、中国社会科学院新聞研究所所長尹韻公が編集責任者となった。この本の内容を執筆したのは、柳斌傑、李東東、尹韻公、程曼麗、李彬、傅寧、王潤沢、卓宏勇、郭藍氷、馬学清、向芬、戈毅娟、林渓声、唐海江、黄春平、王丹薇、王詠梅、王敏、王健、王燁、王婧薔、王毅鵬、柯永権、仇筠倩、史媛媛、亦丹、関琮厳、朱鴻軍、高許東、孟雨、劉暁燕、袁夢晨、劉鑫鑫、程麗紅、蒋肖斌、陳継静、黄碧、魏陽、鄭蘊彤、袁汝婷、張宗璞、張化氷などである。また、人民出版社の薛晴、徐慶群、邵永忠、雍誼などの人々が修訂作業に当たった。新聞出版総署の丁智勇、中国新聞出版報社曹亜寧、趙新楽の諸氏からは本書の編集に多くの助力をいただいた。ここに併せて感謝申し上げる次第である。

時間の関係もあって、本書の執筆、編集に当たっては遺漏や不足もあろうかと思われる。読者諸賢の御意見、御叱正を頂戴し、再版の際には修訂させていただきたい。

【編者】

柳 斌傑（りゅう ひんけつ）

1948年生まれ。中国社会科学院研究生院哲学系卒。清華大学新聞与伝播学院院長、中華人民共和国国家新聞出版広電総局新聞出版総署署長、国家版権局局長、中国共産党第17回中央委員会委員。邦訳に『新中国を拓いた記者たち　上巻』、『中国名記者列伝』シリーズ（ともに日本僑報社）。

李 東東（り とうとう）

1951年生まれ。中国社会科学院大学院新聞系卒。中国作家協会会員。中国新聞文化促進会第6回理事会理事長、全国政治協商会議委員。邦訳に『新中国を拓いた記者たち　上巻』、『中国名記者列伝』シリーズ（ともに日本僑報社）。

【監訳者】

日中翻訳学院（にっちゅうほんやくがくいん）

日本僑報社が「よりハイレベルな中国語人材の育成」を目的に、2008年9月に創設した出版翻訳プロ養成スクール。

【訳者】

河村 知子（かわむら ともこ）

1962年生まれ。国際基督教大学卒。香港中文大学留学。通訳案内士（中国語）。仕事の傍ら、中国語の学習を続け、2008年に日本僑報社が開設した翻訳学院に第1期から参加、著名な翻訳家武吉次朗教授の指導を受ける。邦訳に『新中国を拓いた記者たち　上巻』（日本僑報社）。

新中国を拓いた記者たち　下巻

2017年4月27日　初版第1刷発行
編　者　　柳 斌傑（りゅう ひんけつ）・李 東東（り とうとう）
監訳者　　日中翻訳学院
訳　者　　河村 知子（かわむら ともこ）
発行者　　段 景子
発行所　　株式会社 日本僑報社
〒171-0021 東京都豊島区西池袋3-17-15
TEL03-5956-2808　FAX03-5956-2809
info@duan.jp
http://jp.duan.jp
中国研究書店 http://duan.jp

2017 Printed in Japan.　ISBN 978-4-86185-239-8　C0036

日中文化 DNA 解読
―心理文化の深層構造の視点から―

昨今の皮相な日本論、中国論とは一線を画す名著。
中国人と日本人の違いとは何なのか？
文化の根本から理解する日中の違い。

中国人と日本人　双方の違いとは何なのか？

中国人と日本人の違いとは何なのか？本書では経済や政治など時代によって移り変わる表層ではなく普段は気づくことのない文化の根本部分、すなわち文化の DNA に着目しそれを解読する。政治や経済から距離をおいて両国を眺めてみれば、連綿と連なる文化の DNA が現代社会の中で様々な行為や現象に影響をあたえていることが分かる。文化学者としての客観的な視点と豊富な知識から日本人と中国人の文化を解説した本書は中国、台湾でロングセラーとなり多くの人に愛されている。昨今の皮相な日本論、中国論とは一線を画す名著。

著 者　尚会鵬
訳 者　谷中信一
定 価　2600 円＋税
ISBN　978-4-86185-225-1
刊 行　2016 年

目覚めた獅子
中国の新対外政策

中国の新しい対外政策が分かる一冊

急激な成長を背景に国際社会での発言力を増す中国。今後この大国はどのように振る舞うのか？

経済のプロフェッショナルが、中国が世界経済の一員として歩むべき未来を提示する。

著 者	黄衛平
訳 者	森永洋花
定 価	2800 円＋税
ISBN	978-4-86185-202-2
刊 行	2015 年

現代中国カルチャーマップ
―百花繚乱の新時代―

悠久の歴史とポップカルチャーの洗礼

新旧入り混じる混沌の現代中国を文学・ドラマ・映画・ブームなどから立体的によみとく１冊。

具体的な事例を豊富に盛込み、20 世紀後半以降の現代中国の文化現象に焦点をあてる。

著 者	孟繁華
訳 者	脇屋克仁／松井仁子
定 価	2800 円＋税
ISBN	978-4-86185-201-5
刊 行	2015 年

第12回中国人の日本語作文コンクール受賞作品集

訪日中国人、「爆買い」以外にできること

「おもてなし」日本へ、中国の若者からの提言

中国の若者たちの生の声

今年11年目を迎えた日本語作文コンクール。昨年を上回り、過去最多となった5190本もの応募作から上位入賞の81本を収録。「訪日中国人、『爆買い』以外にできること」など3つのテーマに込められた、中国の若者たちの「心の声」を届ける！

編 者　段躍中
定 価　2000円＋税
ISBN　978-4-86185-229-9
刊 行　2016年

第11回中国人の日本語作文コンクール受賞作品集

なんでそうなるの？

中国の若者は日本のココが理解できない

一編一編の作文が未来への架け橋

「日中青年交流について――戦後70年目に両国の青年交流を考える」「『なんでそうなるの？』――中国の若者は日本のここが理解できない」「わたしの先生はすごい――第1回日本語教師『総選挙』in中国」のテーマで上位入賞の71本を収録。

編 者　段躍中
定 価　2000円＋税
ISBN　978-4-86185-208-4
刊 行　2015年

日中対訳版　日本人論説委員が見つめ続けた

激動中国

―中国人記者には書けない「14 億人への提言」―

中国特派員として活躍した著者が、
現地から発信し続けた「変わりゆく大国」の素顔

政治から社会問題まで皮膚感覚で鋭く迫る！

足かけ十年、激動する中国を現地で取材し続けた論説委員による“皮膚感覚”の中国コラム・論説 65 本を厳選！

習近平政権の政治・経済動向から、香港「雨傘革命」や「偽装離婚」、「一人っ子」政策撤廃などの社会問題まで、中国人記者には書けない視点から鋭く分析したコラムは必読。さらに、中国の今後進むべき道や、日中関係についての真摯な論説・提言も収録。日中両国の未来を担う若い世代にこそ読んでほしい一冊です。中国人読者をも想定した堂々の日中対訳版で登場！

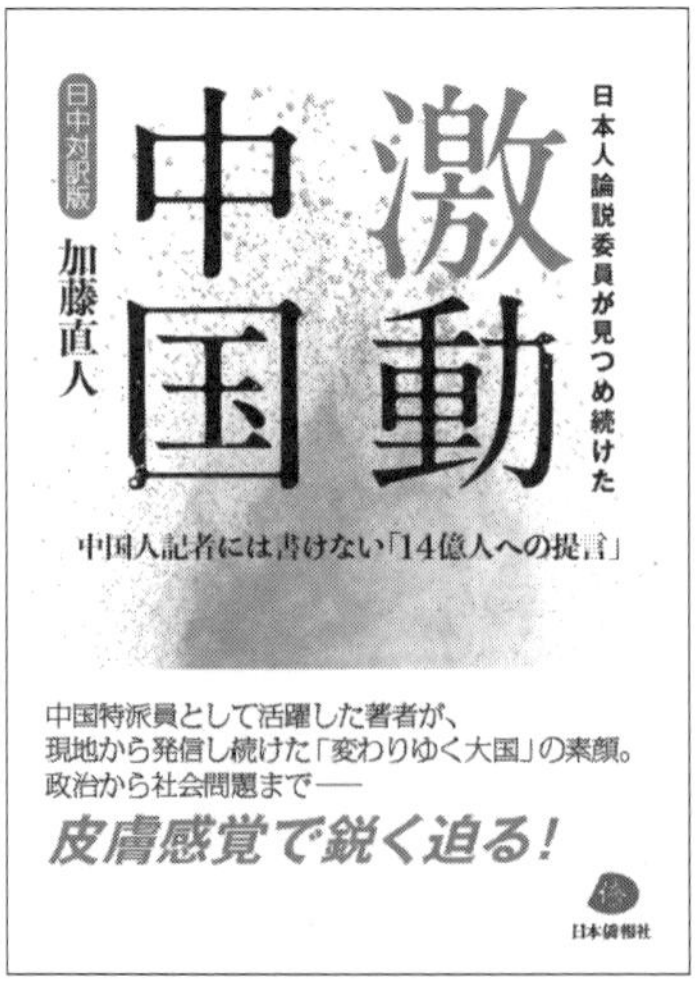

著 者　加藤直人
定 価　1900 円＋税
ISBN　978-4-86185-234-3
刊 行　2017 年

新中国に貢献した日本人たち

友好の原点ここにあり！！

埋もれていた史実が初めて発掘された。日中両国の無名の人々が苦しみと喜びを共にする中で、友情を育み信頼関係を築き上げた無数の事績こそ、まさに友好の原点といえよう。登場人物たちの高い志と壮絶な生き様は、今の時代に生きる私たちへの叱咤激励でもある。

―故元副総理・後藤田正晴

新中国に貢献した日本人たち

編 者	中国中日関係史学会
訳 者	武吉次朗
定 価	2800 円＋税
ISBN	978-4-93149-057-4
刊 行	2003 年

続 新中国に貢献した日本人たち

編 者	中国中日関係史学会
訳 者	武吉次朗
定 価	2900 円＋税
ISBN	978-4-86185-021-9
刊 行	2005 年

アメリカの名門 CarletonCollege 発、全米で人気を博した

悩まない心をつくる人生講義

—タオイズムの教えを現代に活かす—

元国連事務次長 明石康氏推薦！

無駄に悩まず、流れに従って生きる老子の人生哲学を、比較文化学者が現代人のため身近な例を用いて分かりやすく解説した。

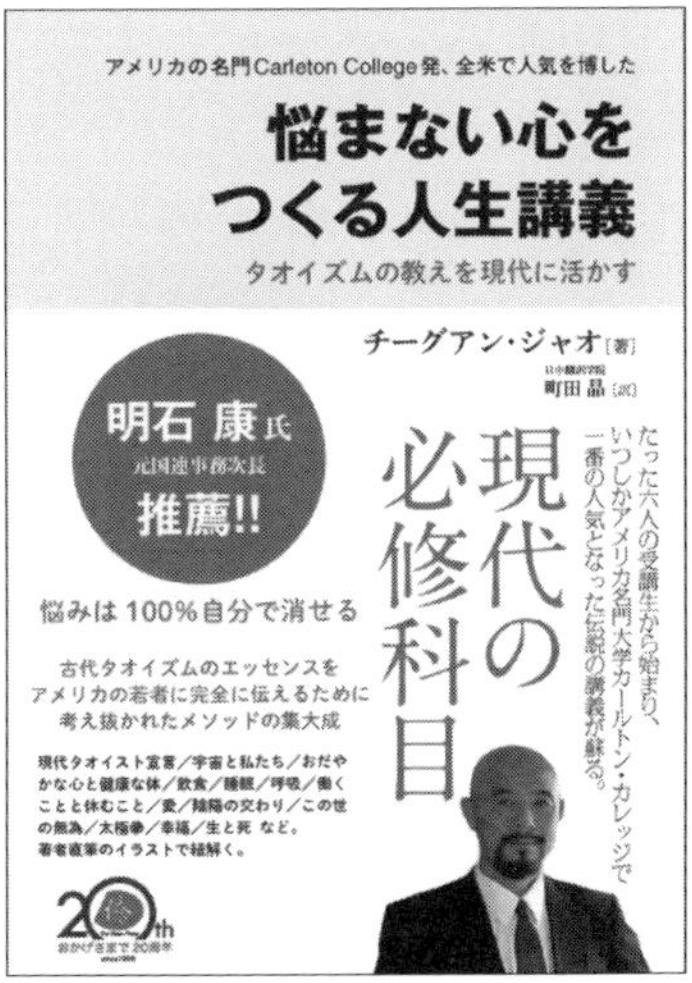

“パンを手に入れることはもとより大事だが、その美味しさを楽しむことはもっと大事だ”
「老後をのんびり過ごすために、今はとにかく働かねば」と、精神的にも肉体的にも無理を重ねる現代人。いつかやってくる「理想の未来」のために人生を捧げるより今この時を楽しもう。2500 年前に老子が説いた教えにしたがい、肩の力を抜いて自然に生きる。難解な老子の哲学を分かりやすく解説し米国の名門カールトンカレッジで好評を博した名講義が書籍化！人生の本質を冷静に見つめ本当に大切なものを発見するための一冊。

著 者　尚会鵬
訳 者　谷中信一
定 価　2600 円＋税
ISBN　978-4-86185-225-1
刊 行　2016 年

日中国益の融和と衝突

日中間では、国益の融和と衝突が、ほぼ同率で存在している。両国は「運命共同体」という依存関係にあるが、同時に、国益を巡る対立と排斥も目立つ。日中関係の根本的な改善は、国民レベルの相互信頼を醸成し、互いに国益において戦略的妥協が求められている。

著 者	殷燕軍
訳 者	飯塚喜美子
定 価	7600 円＋税
ISBN	978-4-86185-078-3
刊 行	2008 年

中国はなぜ「海洋大国」を目指すのか
―“新常態”時代の海洋戦略―

世界とアジアの現在と未来

本書では、中国にとってあるべき「海洋大国」の姿を、国際海洋法・アメリカやインドなど大国との関係・比較戦略論など、感情論を排した冷静な分析を通して浮かび上がらせる。

著 者	胡波
訳 者	濵口城
発 行	富士山出版社
定 価	3800 円＋税
ISBN	978-4-9909014-1-7
刊 行	2016 年

尖閣諸島をめぐる「誤解」を解く
―国会答弁にみる政府見解の検証―

尖閣問題を冷静な話し合いで解決するためのヒント

孫崎享・岡田充共同推薦！

尖閣問題の矛盾点をつきとめ、こじれた問題を解決するためのヒントとして、日中関係の改善と発展を望むすべての人におススメしたい一冊だ。

著 者	笘米地真理
定 価	3600 円＋税
ISBN	978-4-86185-226-8
刊 行	2016 年

尖閣列島・釣魚島問題をどう見るか

1. はじめに
2. 歴史的事実はどうであったのか
3. 明治政府の公文書が示す日本の領有過程
4. 日本の領土に編入されてから
5. 狭隘な民族主義を煽る口実としての領土問題
6. 試される二十一世紀に生きる者の英知

著 者	村田忠禧
定 価	1300 円＋税
ISBN	978-4-93149-087-1
刊 行	2004 年

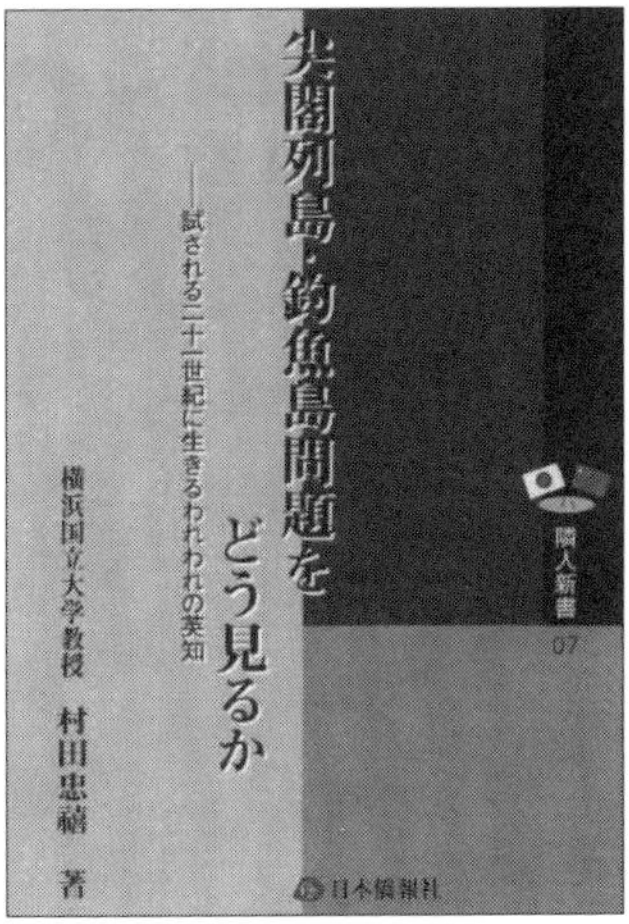

永遠の隣人 ―人民日報に見る日本人―

書名題字 元内閣総理大臣村山富市先生

日中国交正常化 30 周年を記念して、人民日報の人物記事を一冊の本にまとめた。中国人記者の眼差しを通し日中友好を考える。

主 編	孫東民、于青
監 訳	段躍中
訳 者	横堀幸絵ほか
定 価	4600 円＋税
ISBN	4-931490-46-8
刊 行	2002 年

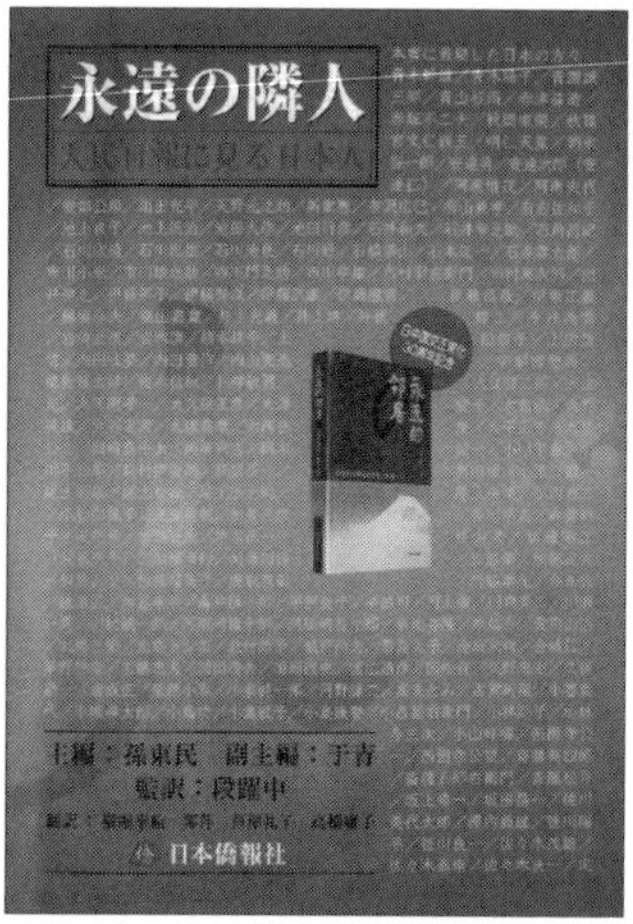

日中友好会館の歩み

「争えば共に傷つき、
相補えば共に栄える」

中曽根康弘元首相 推薦！
唐家璇元国務委員 推薦！

かつての日本、都心の一等地に発生した日中問題を解決の好事例へと昇華させた本質に迫る一冊。

著 者	村上立躬
定 価	3800 円＋税
ISBN	978-4-86185-198-8
刊 行	2016 年

日本僑報社好評既刊書籍

日中対立を超える「発信力」
~中国報道最前線 総局長・特派員たちの声~

段躍中 編

1972年以降、かつて経験したことのない局面を迎えていると言われる日中関係。双方の国民感情の悪化も懸念される2013年夏、中国報道の最前線の声を緊急発信すべくジャーナリストたちが集まった！

四六判240頁 並製 定価1350円＋税
2013年刊 ISBN 978-4-86185-158-2

NHK特派員は見た 中国仰天ボツネタ&マル秘ネタ

加藤青延 著

中国取材歴30年の現NHK解説委員·加藤青延が現地で仕入れながらもニュースにはできなかったとっておきのボツネタを厳選して執筆。

四六判208頁 並製 定価1800円＋税
2014年刊 ISBN 978-4-86185-174-2

必読！今、中国が面白い Vol.10
中国が解る60編

而立会 訳
三潴正道 監訳

『人民日報』掲載記事から多角的かつ客観的に「中国の今」を紹介する人気シリーズ第10弾！ 多数のメディアに取り上げられ、毎年注目を集めている人気シリーズ。

A5判291頁 並製 定価2600円＋税
2016年刊 ISBN 978-4-86185-227-5

必読！今、中国が面白い Vol.9
中国が解る60編

而立会 訳
三潴正道 監訳

『人民日報』掲載記事から多角的かつ客観的に「中国の今」を紹介する人気シリーズ第９弾！ 多数のメディアに取り上げられ、毎年注目を集めている人気シリーズ。

A5判338頁 並製 定価2600円＋税
2015年刊 ISBN 978-4-86185-187-2

中国式 コミュニケーションの処方箋

趙啓正／呉建民 著
村崎直美 訳

なぜ中国人ネットワークは強いのか？中国人エリートのための交流学特別講義を書籍化。
職場や家庭がうまくいく対人交流の秘訣。

四六判243頁 並製 定価1900円＋税
2015年刊 ISBN 978-4-86185-185-8

日本人には決して書けない 中国発展のメカニズム

程天権 著
中西真（日中翻訳学院）訳

名実共に世界の大国となった中国。
中国人民大学教授・程天権が中国発展のメカニズムを紹介。
中国の国づくり90年を振返る。

四六判153頁 並製 定価2500円＋税
2015年刊 ISBN 978-4-86185-143-8

新疆物語
~絵本でめぐるシルクロード~

日本図書館協会選定図書

王麒誠 著
本田朋子（日中翻訳学院）訳

異国情緒あふれるシルクロードの世界。
日本ではあまり知られていない新疆の魅力がぎっしり詰まった中国のベストセラーを全ページカラー印刷で初翻訳。

A5判182頁 並製 定価980円＋税
2015年刊 ISBN 978-4-86185-179-7

新疆世界文化遺産図鑑

小島康誉／王衛東 編
本田朋子（日中翻訳学院）訳

「シルクロード：長安－天山回廊の交易路網」が世界文化遺産に登録された。本書はそれらを迫力ある大型写真で収録、あわせて現地専門家が遺跡の概要などを詳細に解説している貴重な永久保存版である。

変形A4判114頁 並製 定価1800円＋税
2016年刊 ISBN 978-4-86185-209-1

日本僑報社好評既刊書籍

日中中日翻訳必携　実戦編Ⅱ

武吉次朗 著

日中翻訳学院「武吉塾」の授業内容を凝縮した「実戦編」第二弾！
脱・翻訳調を目指す訳文のコツ、ワンランク上の訳文に仕上げるコツを全36回の課題と訳例・講評で学ぶ。

四六判192頁 並製　定価1800円＋税
2016年刊　ISBN 978-4-86185-211-4

現代中国カルチャーマップ
百花繚乱の新時代

日本図書館協会選定図書

孟繁華 著
脇屋克仁／松井仁子（日中翻訳学院）訳

悠久の歴史とポップカルチャーの洗礼、新旧入り混じる混沌の現代中国を文学・ドラマ・映画・ブームなどから立体的に読み解く1冊。

A5判256頁 並製　定価2800円＋税
2015年刊　ISBN 978-4-86185-201-5

中国の“穴場”めぐり

日本日中関係学会 編

宮本雄二氏、関口知宏氏推薦!!
「ディープなネタ」がぎっしり！
定番の中国旅行に飽きた人には旅行ガイドとして、また、中国に興味のある人には中国をより深く知る読み物として楽しめる一冊。

A5判160頁 並製　定価1500円＋税
2014年刊　ISBN 978-4-86185-167-4

中国人の価値観
―古代から現代までの中国人を把握する―

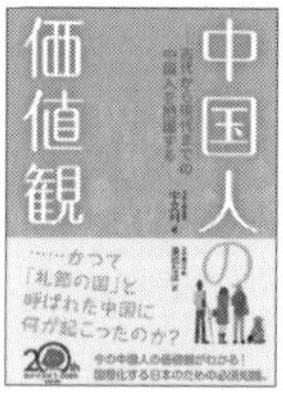

宇文利 著
重松なほ（日中翻訳学院）訳

かつて「礼節の国」と呼ばれた中国に何が起こったのか？
伝統的価値観と現代中国の関係とは？
国際化する日本のための必須知識。

四六判152頁 並製　定価1800円＋税
2015年刊　ISBN 978-4-86185-210-7

中国の百年目標を実現する
第13次五カ年計画

胡鞍鋼 著
小森谷玲子（日中翻訳学院）訳

中国政策科学における最も権威ある著名学者が、国内刊行に先立ち「第13次五カ年計画」の綱要に関してわかりやすく紹介した。

四六判120頁 並製　定価1800円＋税
2016年刊　ISBN 978-4-86185-222-0

強制連行中国人殉難労働者慰霊碑資料集

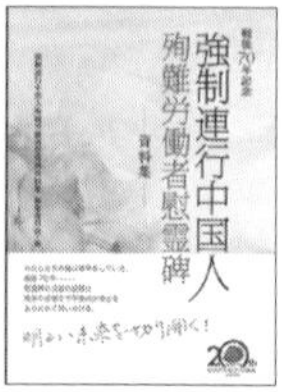

強制連行中国人殉難労働者慰霊碑資料集編集委員会 編

戦時下の日本で過酷な強制労働の犠牲となった多くの中国人がいた。強制労働の実態と市民による慰霊活動を記録した初めての一冊。

A5判318頁 並製　定価2800円＋税
2016年刊　ISBN 978-4-86185-207-7

和一水
―生き抜いた戦争孤児の直筆の記録―

和睦 著
康上賢淑 監訳
山下千尋／濵川郁子 訳

旧満州に取り残され孤児となった著者。
1986年の日本帰国までの激動の半生を記した真実の書。
過酷で優しい中国の大地を描く。

四六判303頁 並製　定価2400円＋税
2015年刊　ISBN 978-4-86185-199-5

中国出版産業データブック vol.1

国家新聞出版ラジオ映画テレビ総局
図書出版管理局 著
段景子 監修
井田綾／舩山明音 訳

デジタル化・海外進出など変わりゆく中国出版業界の最新動向を網羅。
出版・メディア関係者ら必携の第一弾、日本初公開！

A5判248頁並製　定価2800円＋税
2015年刊　ISBN 978-4-86185-180-3

日本僑報社好評既刊書籍

漫画で読む 李克強総理の仕事

チャイナデイリー 編著
本田朋子 訳

中国の李克強総理の多彩な仕事を1コマ漫画記事で伝える。英字紙チャイナデイリーのネット連載で大反響！原文併記で日本初翻訳！

A5変型判 並製 定価1800円＋税
2016年刊 ISBN 978-4-9909014-2-4

中国のあれこれ

―最新版 ビジネス中国語― 日中対訳

趙容 著

全28編の中国ビジネスに関する課題文を通して、中国ビジネスとそれにまつわる重要単語を学ぶ。
全文ピンイン付きで学びやすい。

四六判121頁並製 定価1850円＋税
2016年刊 ISBN 978-4-86185-228-2

第六回日本人の中国語作文コンクール受賞作品集

Made in Chinaと日本人の生活

中国のメーカーが与えた日本への影響

段躍中 編

駐日特命全権大使 程永華氏推薦!!
両国のより多くの人々がお互いの言語と文化を学び、民間交流の促進と友好関係の増進に積極的に貢献されるよう期待しております。
－程永華氏推薦文より

A5判216頁 並製 定価2000円＋税
2011年刊 ISBN 978-4-86185-110-0

日本における新聞連載

子ども漫画の戦前史

徐園 著

著者が三年間にわたって調査・収集してきた日本の新聞連載子ども漫画についての研究成果である。今まで掘り出されていなかった子ども漫画作品が多く紹介され、詳細なデータを提示している。

A5判384頁 上製 定価7000円＋税
2013年刊 ISBN 978-4-86185-126-1

SUPER CHINA

―超大国中国の未来予測略―

胡鞍鋼 著
小森谷玲子 訳

世界の知識人が待ち望んだ話題作。アメリカ、韓国、インド、中国に続いて緊急邦訳決定！
ヒラリー・クリントン氏推薦図書。

A5版272頁 並製 定価2700 円＋税
2016年刊 ISBN 978-4-9909014-0-0

東アジアの繊維・アパレル産業研究

康上賢淑 著

東アジアの経済成長に大きく寄与した繊維・アパレル産業。
実証的アプローチと分析で、その経済的インパクトを解明し今後を占う。

A5判296頁 並製 定価6800円＋税
2016年刊 ISBN 978-4-86185-217-6

春草

日本図書館協会選定図書　日本翻訳大賞エントリー作品

～道なき道を歩み続ける中国女性の半生記～

裘山山 著、于暁飛 監修
徳田好美／隅田和行 訳

東京工科大学 陳淑梅教授推薦!!
中国の女性作家・裘山山氏のベストセラー小説で、中国でテレビドラマ化され大反響を呼んだ『春草』の日本語版。

四六判448頁 並製 定価2300 円＋税
2015年刊 ISBN 978-4-86185-181-0

中国企業成長調査研究報告

―最新版―

伊志宏 主編
RCCIC 編著
森永洋花 訳

『中国企業追跡調査』のデータ分析に基づいた、現状分析と未来予測。
中国企業の「いま」と「これから」を知るにあたって、必読の一冊。

A5判222頁 並製 定価3600円＋税
2016年刊 ISBN 978-4-86185-216-9

新中国を拓いた記者たち　上巻

中国共産党の創立前後に、新聞事業を通して新しい思想を広めた人々を紹介。陳独秀を始め、マルクス主義を中国に初めて紹介した李大釗、女性運動の先駆者向警予など 27 人の新中国に貢献した記者たちの生涯や業績などを掲載している。中国の新聞事業史における重要な一冊である。

編 者　柳斌傑・李東東
訳 者　河村知子
定 価　2800 円＋税
ISBN　978-4-86185-230-5
刊 行　2017 年

中国名記者列伝　第二巻

シリーズ第二巻発売！

アヘン戦争に始まる中国の近現代の 145 年の歴史上で活躍した 400 人の中国を象徴する名記者たちを記録。

編 者　柳斌傑・李東東
監 訳　加藤青延
訳 者　黒金祥一
定 価　3600 円＋税
ISBN　978-4-86185-237-4
刊 行　2017 年

既刊 好評発売中！
中国名記者列伝
第一巻

編 者　柳斌傑・李東東
監 訳　加藤青延
訳 者　渡辺明次
定 価　3600 円＋税
ISBN　978-4-86185-224-4